EMARK
WEGEN

KGR. SCHWEDEN

OSLO

St. Petersburg

Borodino

Moskau

Ostsee

Smolensk

KGR. PREUSSEN

Berlin

Beresina

KAISERREICH
RUSSLAND

WI
BUND

Warschau

Dnjepr

Wien

KAISERTUM
ÖSTERREICH

GR
ALIEN

Schwarzes Meer

Rom

Konstantinopel

ISCHIK

OSMANISCHES REICH

. NEAPEL

Athen

Mittelländisches Meer

Klaus [Signatur]

Febr. 2020

recht interessantes
Buch
Schandtaten und Untergang
von Napoleon und
Adolf Hitler.

Wilhelm Tieke

Zweimal Moskau – und zurück

Der Sturm ins russische Riesenreich 1812 und 1941

Pour le Mérite

Titelseitengestaltung unter Verwendung des Gemäldes
„Napoleon auf dem Schlachtfeld von Preußisch-Eylau" von Antoine-Jean Gros
und eines Farbfotos von Beiwagen-Krädern auf einer Rollbahn in Rußland.

Bibliographische Information der Deutschen Bibliothek
Die Deutsche Bibliothek verzeichnet diese Publikation in der Deutschen
Nationalbibliographie; detaillierte bibliographische Daten sind im Internet
über http://dnb.ddb.de abrufbar.

ISBN 978-3-932381-65-2

Pour le Mérite – Verlag für Militärgeschichte
Postfach 52, D-24236 Selent

Gedruckt in Österreich

Vorwort

Napoleons Feldzug 1812/13 und Hitlers Krieg 1941/45 in Rußland haben Europa und die Welt in Atem gehalten und weisen manche Parallelen auf. Hitler hatte alle zeitgenössischen Berichte über Napoleons Feldzug studiert und war darauf bedacht, Napoleons Schicksal nicht zu teilen. Das Ende der „Grande Armée" hing über ihm wie ein Damoklesschwert. Obwohl er bemüht war, Napoleons Fehler nicht zu wiederholen, kam es dann doch dazu. Die Besonderheiten des Kriegsschauplatzes Rußland brachten Probleme mit sich, auf die 1941 – trotz der Erfahrung der Franzosen – nicht adäquat reagiert wurde.

Zu dieser Arbeit wurden viele Quellen und die zahlreiche Kriegsliteratur studiert, die im Anhang angeführt sind. Einige grundlegende Werke sollen jedoch gleich genannt werden. Es handelt sich um Carl von Clausewitz: *Der Russische Feldzug 1812*; Armand Augustin Louis v. Caulaincourt: *Mit Napoleon in Rußland*; Philippe Paul Graf v. Ségur: *Napoleon und die Große Armee in Rußland*; Friedrich Steger: *Der Feldzug von 1812*; Percy E. Schramm (Herausgeber): *Kriegstagebuch des Oberkommandos der Wehrmacht 1940–1945*; Paul Carell: *Unternehmen Barbarossa*.*

Carl von Clausewitz wurde 1780 in Burg bei Magdeburg geboren. Seine militärische Laufbahn verlief steil: Mit zwölf Jahren Kadett und mit 15 Jahren schon Leutnant, wurde er 1809 Mitarbeiter des preußischen Kriegsministers und Generalstabschefs Gerhard von Scharnhorst in der Militärreorganisationskommission und 1810 als Major Lehrer an der Kriegsschule zu Berlin. Nach Abschluß der preußisch-französischen Militärkonvention 1812 trat er in russische Dienste, wo er mit Hermann von Boyen, Freiherr vom Stein und Ernst von Phull (auch Pfuel) auf

---

*Für genaue Angaben siehe das Literaturverzeichnis.

die Befreiung Preußens vom französischen Joch hinarbeitete. 1815 wurde er als Oberst wieder in den preußischen Generalstab übernommen und fand dann in verschiedenen Stabs- und Militärverwaltungsstellen Verwendung. Während des polnischen Aufstandes 1831 war er Generalstabschef der preußischen Observationsarmee unter dem Befehl von Generalfeldmarschall Neidhardt von Gneisenau. In dieser Dienststellung starb General von Clausewitz in Breslau am 16. November 1831 an der aus Rußland eingeschleppten Cholera. 1832–34 veröffentlichte seine Frau Marie, geborene Gräfin von Brühl, das Buch *Vom Kriege*, dem alle anderen militärhistorischen und -theoretischen Arbeiten Clausewitz' zuzuordnen sind. Durch seinen Dienst am Zarenhof war er zu einem intimen Kenner Rußlands geworden.

Armand de Caulaincourt

Armand de Caulaincourt wurde 1773 bei St. Quentin geboren. Er starb am 19. Februar 1827 in Paris. Caulaincourt entstammte altem französischen Adel. Gemäß Familientradition war auch er für die Soldatenlaufbahn bestimmt. 1799 hatte er es zum Obersten gebracht. 1801 wurde Caulaincourts glänzende militärische Laufbahn beendet. Er erhielt den Auftrag, ein Schreiben Napoleons an den kürzlich auf den russischen Thron gekommenen Zaren Alexander I. zu überbringen, was eine mehrmonatige Mission in St. Petersburg einschloß. In dieser Zeit wurde er vom jungen Zaren, dessen ritterlicher Charakter auf Caulaincourt tiefen Eindruck machte, mit Ehrungen und Liebenswürdigkeiten überhäuft. Nach seiner Rückkehr nach Paris wurde Caulaincourt persönlicher Adjutant Napoleons und 1804 sein Großstallmeister, in welcher Funktion er fortan die Reisen des Monarchen sowie die kaiserlichen Kurier- und Stafettendienste zu organisieren hatte. Zwischen beiden entwickelte sich ein besonderes Vertrauensverhältnis, jedoch mit dem gebotenen Abstand zwischen dem Monarchen und seinem Untergebenen. Caulaincourts Selbstzucht in Haltung und Wort, seine

Verschwiegenheit, seine guten, adeligen Manieren wußte der Kaiser zu schätzen. Von 1807 bis 1811 war Caulaincourt dann französischer Botschafter in St. Petersburg. Diese Zeit war ausgefüllt mit gesellschaftlichen Verpflichtungen und diplomatischen Aktivitäten. Napoleon arbeitete auf einen Waffengang mit Rußland hin, und Caulaincourt versuchte ihn davon abzubringen. Im Juni 1811 wurde er als Botschafter abberufen und kehrte nach Paris zurück, wo er wieder sein altes Hofamt bekleidete. Im Feldzug gegen Rußland war Caulaincourt stets an der Seite Napoleons zu finden. Er blieb als Kenner Rußlands ein unbequemer Mahner seines Kaisers, der trotzdem immer wieder den Rat seines Großstallmeisters einholte. Der Charakter, die Gedanken und Handlungen des Kaisers der Franzosen sind in Caulaincourts Buch *Mit Napoleon in Rußland* beispielhaft festgehalten.

Philippe-Paul de Ségur wurde 1780 in Paris geboren, wo er auch 1873 starb. Nach herausragenden Waffentaten wurde er 1811 zum Brigadegeneral befördert und in den Stab Napoleons versetzt. Dort machte er als Adjutant den Rußlandfeldzug mit und konnte so aus eigenem Erleben später die Ereignisse beschreiben. 1824 brachte er das oben genannte Werk in einem Pariser Verlag heraus, und ein Jahr später erschien es in einem Stuttgarter Verlag in deutscher Sprache. Die deutsche Übersetzung besorgte Joseph von Theobald (1772–1837), der frühere württembergische

Philippe-Paul de Ségur

Generalquartiermeister, der 1812 in Litauen erkrankte und daher am Feldzug nicht bis zum Ende teilnehmen konnte.

Auf Ségurs Werk aufbauend, brachte der deutsche Historiker Friedrich Steger 1845 sein Buch *Der Feldzug von 1812* heraus, das die Veröffentlichungen der russischen, der deutschen und der französischen Seite mit einbezieht und somit ausgewogener als Ségurs Schilderungen ist.

Als Standardwerke über den Weltkrieg 1939–1945 gelten nach wie vor das *Kriegstagebuch des Oberkommandos der Wehrmacht,* herausgegeben vom ehemaligen Tagebuchführer und späteren Historiker Percy E. Schramm sowie Paul Carells Bücher *Unternehmen Barbarossa* und *Verbrannte Erde*.

Das *Kriegstagebuch des Oberkommandos der Wehrmacht* ist die erschöpfendste Quelle zum Zweiten Weltkrieg. Es wurde von Helmuth Greiner und P.E. Schramm tageweise geführt und von diesen bei Kriegsende zum größten Teil gerettet. Neben Schramm haben die deutschen Historiker Andreas Hillgruber, Walter Hubatsch und Hans-Adolf Jacobsen die einzelnen Teilbände/Jahrgänge bearbeitet und weiteres Material eingearbeitet.

Paul Karl Schmidt (rechts) mit Außenminister von Ribbentrop

Paul Carell (eigentlich Paul Karl Schmidt) hatte bis 1945 eine steile Karriere im Auswärtigen Amt absolviert. Mit nur 30 Jahren war er 1941 zum Ministerialdirektor befördert und mit der Leitung der täglichen Pressekonferenzen seines Ministeriums betraut worden. Nach Kriegsende startete er eine publizistische Karriere. Paul Carell hat mit seinen Büchern *Unternehmen Barbarossa* und *Verbrannte Erde* erzählende Kriegsgeschichte geschrieben. Er hat dem „Landser aufs Maul geschaut" und ist deshalb mit seiner populärwissenschaftlichen Schilderung bei einer breiten Leserschicht angekommen.

In der Gegenüberstellung der Feldzüge 1812/13 und 1941/45 fallen zahlreiche Parallelen auf, die in dieser Arbeit beleuchtet werden. Gegen Rußland in Rußland Krieg zu führen, unterlag besonderen Natur- und Wetterbedingungen, deren Auswirkungen weder von Napoleon noch von Hitler richtig eingeschätzt wurden. Strategie und Kampfführung Napoleons wie auch Hitlers waren auf eine schnelle Zerschlagung der russischen Streitkräfte angelegt, doch die Weite des Raumes ermöglichte den Russen große Bewegungsfreiheit und lieferte schier unerschöpfliche Ressourcen an Menschen und Material. Der Unterschied in der Kriegsführung Rußlands bei den beiden Auseinandersetzungen war allerdings evident: Die Armeen des russischen Zaren zogen sich 1812 in die Weite des Raumes zurück, während Stalin seine Rote Armee durch Angriffsaufmarsch unmittelbar an der Grenze und durch sture Haltebefehle an Orte und enge Räume gebunden hat und somit die großen personellen Verluste 1941 in den Kesselschlachten in Westrußland mit zu verantworten hat. Die Feldzüge 1812/13 und 1941/45 unterschieden sich vom Ansatz der Kräfte her und in ihrem Verlauf durch die technische Entwicklung erheblich, aber die körperlichen und seelischen Beanspruchungen der eigentlichen Akteure, der Soldaten, waren die gleichen. 1812 wie 1941 mußte die Masse der Soldaten den weiten Weg nach Moskau und zurück kämpfend zu Fuß zurücklegen.

Vorgeschichte

Mit der Ausrufung der Republik im Juli 1792 und der Hinrichtung von König Ludwig XVI. im Januar 1793 endete in Frankreich die Monarchie. Nach inneren Machtkämpfen und glänzenden militärischen Siegen in Italien und Ägypten wurde der Korse Napoleon Bonaparte Alleinherrscher in Frankreich. In mehreren Kriegen zertrümmerte er das alte Staatsgefüge Europas und krönte sich selbst 1804 zum Kaiser der Franzosen. Er machte Fürsten und Familienmitglieder zu Herrschern von durch ihn eigens geschaffenen Ländern, worauf diese ihm zu Vasallendiensten verpflichtet waren.

1805 verbündeten sich Rußland und Großbritannien gegen Napoleon, der darauf 1806 mit der Gründung des Rheinbundes antwortete, in dem zwangsweise deutsche Königreiche und Fürstentümer vereinigt wurden. Während in Paris die Verhandlungen zur Bildung des Rheinbundes liefen, kam es zur Annäherung Preußens an Rußland und Großbritannien. Als in Berlin Napoleons Angebot bekannt wurde, Hannover an England abzutreten, empfand Preußen dies als Verrat und ordnete am 9. August 1806 die Mobilisierung der Armee an. Faktisch bedeutete dies die Kriegserklärung. Napoleon war siegessicher und avancierte mit seinen Truppen bereits im September. Der Angriff führte am 14. Oktober 1806 in der Schlacht bei Jena und Auerstedt zur Zerschlagung der Masse der preußischen Armee.

Im Frieden zu Tilsit am 9. Juli 1807 konnte sich Napoleon mit Rußland noch einmal vergleichen. Dabei verlor Preußen alle westelbischen Gebiete, aus denen zum Beispiel das Großherzogtum Berg und das Königreich Westphalen hervorgingen.

Napoleon erreichte nach den Siegen über Preußen und Österreich sowie der Zerschlagung der spanischen Dynastie der Bour-

*Rechts: Napoleon
Bonaparte, Kaiser
der Franzosen, in
für ihn typischer
Herrscherpose.*

*Unten: Als Sieger über
Preußen empfängt Napoleon
Königin Luise am 6. Juli
1807 in Tilsit.*

bonen den Gipfel seiner Macht. Er war ein glänzender Stratege und Politiker mit hohen geistigen Fähigkeiten. Ihm schien alles zu gelingen, was er anpackte. Sein Traum von einem Reich größeren Ausmaßes als das Karls des Großen schien ihm greifbar nahe. Glanzpunkt und höchste Repräsentation seiner Macht war 1808 der Fürstentag in Erfurt, an dem 34 Fürsten Europas teilnahmen. Hierbei hofierte er besonders den Zaren Alexander I. von Rußland und erklärte ihm seinen Plan, Europa untereinander aufzuteilen. Die Grenze zwischen den beiden Machtbereichen sollte die Donau vom Schwarzen Meer bis Passau, die böhmischen Gebirge bis Königgrätz und die Elbe bilden. Die südwestliche Hälfte beanspruchte Napoleon für sich, die nordöstliche Hälfte gestand er dem Zaren zu. Dies versicherte der Historiker Steger – unter Berufung auf Zeitzeugen – in seinem erstmals 1845 erschienenen Buch *Der Feldzug von 1812*. Rußland, das jedoch großes Interesse am Balkan hatte und hierin mit den Plänen Napoleons kollidierte, wollte lieber den alten Zustand der Teilung unter viele kleine Herrscher beibehalten. „Rußland rüstete also im Stillen", schrieb Steger, „wußte aber vorderhand Napoleons Freundschaft trefflich zu nutzen." Es beteiligte sich an der Kontinentalsperre gegen England, „und diese Eintagspolitik lieh ihm einen willkommenen Anlaß, Schweden [...] den Krieg zu erklären. Finnland, Ostbothnien und die Alandinseln waren der Preis dieser Politik, Rußland war an der Ostseeküste arrondiert. Auf die gleiche Weise benutzte Rußland sein Rheinbündnis mit Napoleon, um sich [...] von seinem alten Verbündeten Österreich [...] Altgalizien abtreten zu lassen."* Damit zementierte Napoleon gleichzeitig die Teilung Polens, dessen Söhne in Napoleons Armeen für ein neues polnisches Reich gekämpft hatten.

1809 erhob sich Österreich gegen Napoleon, der mit seinen Hauptkräften in Spanien stand, um die dort aufkommenden Rebellionen zu unterdrücken. Während Rheinbundsoldaten die Österreicher hinhielten, eilte Napoleon mit seinen Hauptkräften herbei und kreuzte mit den Österreichern bei Regensburg, Aspern und Wagram die Klingen. Der Waffenstillstand von Znaim und der Friedensvertrag von Schönbrunn besiegelten die erneute Niederlage der Österreicher.

Nach dem Frieden zu Tilsit und dem Erfurter Fürstentag kühlte sich das Verhältnis zwischen Rußland und Frankreich wegen der

---

* Steger, S. 34 ff.

Heinrich Freiherr vom Stein, preußischer Minister für Wirtschaft und Finanzen, mußte wegen seiner antifranzösischen Haltung 1808 ins russische Exil gehen.

Carl von Clausewitz nahm als Major i.G. 1812 seinen Abschied und trat in russische Dienste über.

Interessengegensätze in der Türkei und in Polen ab. Als sich Napoleon dann auch noch Holland und Teile Norddeutschlands aneignete – darunter auch das Herzogtum Oldenburg, das mit dem Zarenhaus verwandtschaftlich verbunden war –, antwortete Zar Alexander mit einer neuen Zollpolitik, die praktisch Napoleons Kontinentalsperre gegen dessen Erzfeind England unterlief.

Im Frühjahr 1812 schloß Napoleon mit Preußen und Österreich neue Bündnisse. Auf der anderen Seite standen nun Rußland und Großbritannien sowie Schweden. Die Spannungen wuchsen. Zahlreiche deutsche Offiziere und Beamte (Clausewitz, Boyen, Stein), die nach dem Frieden von Tilsit in russische Dienste getreten waren, trugen durch ihre unnachgiebige, Napoleons Vorhaben gegenüber feindliche Haltung zu den Spannungen bei. Eine Annäherung Frankreichs an Großbritannien kam nicht zustande, da Großbritannien die Wiederaufrichtung der alten spanischen Monarchie verlangte, was Napoleon ablehnte. Weitere Streitpunkte waren die Räumung der von den Franzosen besetzten preußischen Festungen, die Freigabe des Herzogtums Oldenburg, von Danzig und Pommern. Die Verhandlungen dauerten eineinhalb Jahre und blieben ergebnislos. Am 12. Juni 1812 erhielt der russische Botschafter in Paris, Fürst Alexander Kurakin, vom französischen Außenminister und Unterhändler, Hugo-Bernard Maret, seine Demission. Um die gleiche Zeit wurde der französische Gesandte und Unterhändler Alexandre de Lauriston aus St. Petersburg zurückgerufen. Beide Seiten rüsteten zum Krieg. „1812 sah sich Napoleon als Herr Europas", urteilte Steger. „Alles war ihm unterworfen, nur Rußland wagte ihm zu widersprechen. Und Napoleon rannte gegen diesen einzigen erreichbaren Gegner (Großbritannien konnte er wegen der Insellage nicht einnehmen), den er noch vor sich fand, mit dem ganzen Übergewicht seiner physischen Hilfsmittel an."

Vergleicht man die politische Vorgeschichte des Unternehmens „Barbarossa" mit der von Napoleons Rußlandfeldzug, ergeben sich frappierende Übereinstimmungen. Nach dem Ersten Weltkrieg lag Deutschland am Boden. Nach Not und Miseren gelangte Adolf Hitler an die Macht, den viele Deutsche als den „Retter der Nation" ansahen.

Das Wiedererstarken Deutschlands in den 30er Jahren des 20. Jahrhunderts löste die Gegnerschaft der Weltmacht Großbritannien aus. Es gelang Deutschland, den als Schande empfundenen Versailler Vertrag zu unterlaufen und sein Territorium unter Billigung der europäischen Mächte zu arrondieren. Anfangs sanktionierten Großbritannien und Frankreich noch die schrittweise Wiederherstellung einer deutschen Machtposition, doch dann versuchten sie, den politischen Wiederaufstieg Deutschlands zu unterbinden – nun auch in Übereinstimmung mit den Vereinigten Staaten von Nordamerika. In ihre Bestrebungen zur Einkreisung Großdeutschlands wurde auch die Sowjetunion einbezogen.

Das Dritte Reich und Stalins Rußland waren wegen ihrer Weltanschauungen und Machtinteressen natürliche Gegner. Dennoch bemühte sich Deutschland – zeitgleich mit den Westmächten – um eine Verbesserung der Beziehungen zur Sowjetunion. Stalin, der in einem künftigen Krieg zwischen Deutschland und Großbritannien / Frankreich die Chance erkannte, als „lachender Dritter" die geschwächten Gegner dereinst zu „beerben", machte einen Schachzug auf der politischen Bühne, den nur wenige erwartet hatten: Er reagierte positiv auf deutsche Annäherungsversuche und Angebote zu politischen und wirtschaftlichen Übereinkommen, und in der Nacht zum 24. August 1939 unterzeichnete der deutsche Außenminister Joachim von Ribbentrop in Moskau den deutsch-sowjetischen Nichtangriffsvertrag. Ein beiderseitiger Wirtschaftsvertrag war bereits am 19. August paraphiert worden. Damit war Polen in die Zange genommen, und Hitlers Hoffnung, das Bedrohungsszenario würde die Warschauer Regierung zum Einlenken bewegen, erhielt wieder Auftrieb. Die UdSSR hingegen kalkulierte, ihr Entgegenkommen werde den europäischen Krieg auslösen, an dessen Ende die Bolschewisierung des ganzen Kontinents stehen sollte.

Nach Ausbruch des Krieges zwischen Deutschland und Polen und den aufgrund der Bündniskonstellationen ausgelösten weiteren Kriegseintritten Englands und Frankreichs stellte auch die Sowjetunion weitere territoriale Forderungen, denen Hitler zustimmen mußte. Die sowjetische Expansionspolitik belastete das Verhältnis zu Deutschland so, daß zunehmend Interessengegensätze zutage traten.

Die Sowjetunion besetzte im Zuge der deutsch-polnischen Auseinandersetzung ab dem 17. September 1939 Ostpolen. Polen wurde

*Bei der Unterzeichnung des deutsch-sowjetischen Nichtangriffsvertrages.
Stehend v.l.n.r.: Boris Schaposchnikow, Richard Schulze-Kossens, Joachim
von Ribbentrop, Josef Stalin; sitzend: Wjatscheslaw Molotow.*

unter Deutschland und Rußland aufgeteilt. Danach wurde Litauen,
Lettland und Estland vom Kremlherrscher ein „Beistandspakt" auf-
gezwungen, der praktisch die Einverleibung dieser Länder in die
Sowjetunion bedeutete. Am 30. November 1939 drangen russische
Truppen ohne Kriegserklärung in Finnland ein. Nach einem Waf-
fenstillstand und Friedensvertrag mußte Finnland die Stadt Viborg
und weitere karelische Gebiete an die Sowjetunion abtreten und der
Roten Armee Stützpunkte auf seinem Territorium einräumen.

Die Sowjetunion betrieb ihre Expansionspolitik auch in Richtung
Südwesten und besetzte 1940 das rumänische Bessarabien. Danach forderte Stalin die rumänische Bukowina und stellte weitere
Ansprüche auf dem Balkan, die weit über das hinausgingen, was
in den deutsch-sowjetischen Verträgen festgelegt worden war.

Auf Grund dieser Bedrohung sah Rumänien in Deutschland seinen künftigen Bundesgenossen. Deutschland war auf die rumänischen Erdölquellen angewiesen, und es stationierte im Raum
Ploieşti sogenannte militärische „Lehr-" Einheiten zu deren Schutz.

V.l.n.r: Alfred Jodl, Franz Halder, Adolf Hitler, Walther von Brauchitsch, Wilhelm Keitel und Adjutant Rudolf Schmundt bei einer Lagebesprechung

Im Zuge dieser Entwicklung kam es im Sommer 1940 zu ersten Überlegungen im deutschen Generalstab, wie im Falle eines Krieges die Sowjetunion in einem schnellen Feldzug niedergerungen werden könnte. Zunächst jedoch konzentrierte man alle militärischen Anstrengungen auf Großbritannien.

Inzwischen war auch der Westfeldzug gegen die Beneluxstaaten und Frankreich siegreich beendet und die Besetzung Norwegens und Dänemarks zum Schutze der Nordflanke vor englischen Interventionen durchgeführt worden.

Die strategischen Planungen für einen Krieg gegen die Sowjetunion wurden fortgesetzt. Wie wir heute aus zahlreichen russischen Quellen wissen, waren die Vorbereitungen in der Sowjetunion 1940 viel weiter gediehen. Der Molotow-Besuch am 12./13. November 1940 in Berlin, mit Molotows umfangreichen Territorialforderungen, brachte den letzten Anstoß für das deutsche Oberkomanndo, und die deutschen Kriegsvorbereitungen wurden intensiviert.

Am 17. Dezember 1940 legten deutsche Generalstäbler Hitler den ersten Entwurf zum Rußlandfeldzug (Deckname „Fritz") vor. Hitler änderte den Decknamen in „Barbarossa", und das war nicht die einzige Änderung. Im Entwurf hatte die Heeresgruppe Mitte die Aufgabe, ungestüm auf Moskau vorzustoßen. Hitler ließ dieses Hauptziel zunächst in den Hintergrund treten und verfügte, daß der Heeresgruppe – die aus dem Raum Warschau antreten sollte – „die Aufgabe zufällt, [...] die feindlichen Kräfte in Weißrußland zu zersprengen. Dadurch muß die Voraussetzung geschaffen werden für das Eindrehen von starken Teilen der schnellen Truppen nach Norden, um im Zusammenwirken mit der aus Ostpreußen in allgemeiner Richtung Leningrad operierenden nördlichen Heeresgruppe die im Baltikum kämpfenden feindlichen Kräfte zu vernichten. Erst nach Erledigung dieser vordringlichen Aufgabe, welcher die Besetzung von Leningrad und Kronstadt folgen muß, sind die Angriffsoperationen zur Besitznahme des wichtigen Verkehrs- und Rüstungszentrums Moskau fortzuführen. Nur ein überraschend schnell eintretender Zusammenbruch der russischen Widerstandskraft könnte es rechtfertigen, beide Ziele gleichzeitig anzugehen." (KTB des OKW).

Am 18. Dezember 1940 ging die operative Planung unter dem Titel „Weisung Nr. 21" mit den Änderungen Hitlers an die Generalstäbe der drei Wehrmachtteile. Demnach sollte die Masse der sowjetischen Streitkräfte in Weißrußland und im Baltikum vernichtet und im weiteren Verlauf der Operationen die Linie Astrachan–Archangelsk (AA-Linie) erreicht werden.

Im Zeitraum April/Mai 1941 wurden im Zuge des Balkan-Feldzuges Jugoslawien und Griechenland besetzt. Damit war die Südflanke gesichert und ein Festsetzen der Briten in Griechenland verhindert. Dies geschah auch im Zusammenhang mit den Operationen der deutsch-italienischen Streitkräfte (Deutsches Afrikakorps unter seinem Befehlshaber Erwin Rommel) in Nordafrika.

Indessen lief der Aufmarsch der deutschen Wehrmacht zum Rußlandfeldzug an. Die Bereitstellung vollzog sich vom finnischen Polarmeer bis zum Schwarzen Meer.

Die Lappland-Armee (AOK Norwegen) stand in Nord-Norwegen mit zwei Armeekorps zur Unterstützung der Finnen und zum

Schutze der Nickelerzgruben von Petsamo. Angriffsziel: Murmansk mit seinem eisfreien Hafen und der Murmansk-(Kirow-)Bahn.

Die Heeresgruppe Nord gruppierte sich in Ostpreußen mit 18. und 16. Armee sowie Panzergruppe 4 (später umbenannt in Panzerarmee). Ziel: Baltikum, Leningrad und Vereinigung mit den Finnen am Swir.

Die Heeresgruppe Mitte marschierte im Großraum Warschau mit 4. und 9. Armee, Panzergruppe 2 und 3 auf. Ziel: Weißrußland mit Minsk, Orscha, Smolensk, später Moskau.

Die Heeresgruppe Süd versammelte sich im Raum Lublin–Tarnow mit der Panzergruppe 1 sowie 6. und 17. Armee. Und in Rumänien am Pruth standen die 11. Armee und zwei rumänische Armeen. Ziel: Kiew, Donezbecken, Krim, Rostow am Don.

Aufgrund des ungeplanten Balkan-Krieges hatte die Feldzugplanung für Rußland verschoben werden müssen, und kostbare Sommerwochen waren verlorengegangen. Nun drängte die Zeit bis zum Winter.

Obwohl die Verlegung der deutschen Armeen in den Osten unter größter Geheimhaltung verlief, war sie den Sowjets nicht verborgen geblieben. Der in den 1990er Jahren entdeckte Schukow-Plan – benannt nach dem sowjetischen Generalstabschef Georgij Schukow – belegt eindrucksvoll, daß die Rote Armee die Gefahr erkannte, die ihr aus dem Aufmarsch der Wehrmacht für ihre eigenen Angriffsabsichten erwuchs. Sie wollte die Dislozierung der deutschen Truppen durch eine beschleunigt beendete Truppenkonzentration mit darauf folgendem Angriff nach Westen durchkreuzen. Außerdem wurde Moskau über viele diplomatische Wege und durch Spionage über die deutschen Vorbereitungen in Kenntnis gesetzt. Hierzu äußerte sich der deutsche Historiker H. Günther Dahms: „Angesichts dieser Tatsachen bleibt unverständlich,

Georgij Schukow

wieso von der UdSSR immer wieder das Bild eines ahnungslosen, friedfertigen Landes gezeichnet wird. Wenn es noch weiterer Gegenargumente bedarf, so liefert sie die am 5. Juni 1941 gehaltene Rede des sowjetischen Staatsoberhauptes Michail J. Kalinin vor Kommissaren der Militärpolitischen Akademie in Moskau: ,Die Deutschen', sagte Kalinin, ,stellen sich bereit, uns anzugreifen. Wir warten darauf. [...] Denn wir wollen ihnen die Hälse umdrehen.'" Ähnliche Beweise zitieren Erich Helmdach und Viktor Suworow in ihren Büchern.*

Diese Untersuchungen in Verbindung mit Erkenntnissen aus den Memoiren einiger ehemaliger sowjetischer Staatsmänner und Militärs belegen, daß die Absicht der UdSSR, gegen Deutschland Krieg zu führen, seit dem Sommer 1939 immer konkretere Formen angenommen hat. Die Mär vom „ahnungslos" überfallenen Rußland ist nichts als eine Wiederholung stalinistischer Propaganda. Die sowjetische militärische Führung rechnete jedoch damit, daß die deutschen Angriffsschwerpunkte im Süden liegen würden, und sie ließ dort ihre stärksten Kräfte, die „Südwest-Front" mit vier Armeen und zahlreichen selbständigen Verbänden, in Bereitstellung gehen, um die Kornkammer Ukraine und das Industrie- und Kohlengebiet im Donezbecken zu schützen.

Nach Beendigung des deutschen Aufmarsches standen 246 sowjetischen Divisionen der ersten Welle lediglich 145 deutsche und 40 Divisionen Verbündeter gegenüber.

In der Nacht vom 21. auf den 22. Juni 1941 wurde den in Bereitstellung liegenden deutschen Kompanien von ihren Kompaniechefs der „Führeraufruf" verkündet, der mit „Soldaten der Ostfront!" begann. In diesem Aufruf war von Grenzverletzungen, vom Schicksal Deutschlands und Europas und vom endgültigen Abschluß des Krieges die Rede. Und es wurde an das Pflicht- und Ehrgefühl der Soldaten appelliert. Um die gleiche Zeit erging an die sowjetischen Streitkräfte die Alarmstufe I, was „volle Kriegsbereitschaft" bedeutete.

---

* Vgl. bibliographische Angaben im Literaturverzeichnis.

Pläne und Heerschauen

Am 9. Mai 1812 verließ Napoleon Paris und folgte der Großen Armee, die weit nach Osten vorgerückt war. Vom 16. bis 29. Mai gab es noch einmal ein glanzvolles Stelldichein fast aller deutschen Könige und Fürsten beim König von Sachsen in Dresden. Am 29. Mai begab sich Napoleon dann zu seinen Truppen und besichtigte nacheinander die Armeekorps. Sie lagen in folgenden Versammlungsräumen: alte und junge Garden und vier Reiterkorps (Kern der Großen Armee) im Großraum Danzig. „Danzig war der große Waffenplatz der Armee, die Stelle, wo seit zwei Jahren alles organisiert und vorbereitet worden war; auf diesen Platz, den der Kaiser öfters ‚mein Gibraltar' nannte, verwandte er die größte Aufmerksamkeit, denn der Stützpunkt sollte allen Bedürfnissen der Armee gerecht werden."*

I. (Armee-) Korps: Elbing und Marienburg
II. Korps: Marienwerder
III. Korps: Thorn
IV. Korps: Plozk
V. (polnisches) Korps: Warschau
VI. Korps: Plozk
VII. Korps: Pulawy ostwärts Radom
VIII. Korps: südlich von Warschau
IX. (Reserve-) Korps: westlich von Warschau
X. Korps: Großraum Königsberg. Aufgabe: Deckung der Nordflanke.

Daneben war eine zweite Reserve aus neu Ausgehobenen im Entstehen, die von Marschall Charles Augereau, Herzog von Castiglione, geführt wurde.

---

* Caulaincourt: Mit Napoleon in Rußland, S. 15.

Zur Deckung der Südflanke der Hauptarmee wurde ein Hilfskorps von 34.000 Österreichern unter Fürst Karl Philipp zu Schwarzenberg im Raum Lemberg (Galizien) versammelt.

Napoleon verfolgte den Plan, den Feind mit strategischen Schachzügen zu verunsichern, um ihn dann in schnellen Angriffen einzukesseln und zu schlagen. 130 Jahre später verfuhr der deutsche Generalstab nach den gleichen Grundideen, allerdings mit erheblich besseren technischen und strategischen Mitteln (Gefecht der verbundenen Waffen, Kesselschlachten). Napoleons Aufmarsch ließ die Russen im Unklaren; sie wußten nicht, ob er sich gegen Moskau oder St. Petersburg wenden werde. Dadurch wurden sie gezwungen, ihre Truppen an verschiedenen Abschnitten aufzustellen und damit zu schwächen. Feindaufklärung aus der Luft und durch Funkaufklärung gab es damals noch nicht.

Russischerseits gab es zwei Abwehrpläne: Viele altgediente Militärs wollten den Kampf sofort annehmen und jeden Meter russischen Bodens verteidigen. Der andere Plan, den der preußische General von Phull entworfen hatte, stellte die materielle und personelle Überlegenheit der Großen Armee Napoleons in Rechnung und sah vor, zunächst jeder Schlacht, jeder Entscheidung auszuweichen und sich zurückzuziehen, bis sich Napoleons Armee „totgelaufen" hatte. Erst wenn sie sich weit von ihren Reserven und Magazinen entfernt hatte, wollten sich die Russen zur Schlacht stellen. Dabei sollte der Vormarsch der Großen Armee durch Angriffe russischer Streifabteilungen in den Flanken gehemmt werden. Nach Phulls Plan sollte an der mittleren Düna die große Entscheidung fallen. Hierzu wurde das befestigte Lager von Drissa stark ausgebaut, dem Clausewitz allerdings keine große Bedeutung beimaß, weil es keine der beiden Straßen nach Moskau deckte. Tatsächlich spielte das befestigte Lager von Drissa dann auch keine große Rolle, weil Napoleon seine Kräfte anders ansetzte, als es die Russen erwartet hatten.

Clausewitz berichtete dem Zaren über die ihm aufgetragene Besichtigung des Lagers von Drissa. Zu dieser Zeit stieß Graf Christoph Lieven, bisher russischer Botschafter in Berlin, zum russischen Hauptquartier. Er hatte in Berlin mit führenden deutschen Offizieren, darunter auch der preußische Generalstabschef Gerhard von Scharnhorst, gesprochen. „Die Idee, welche man

Karl Philipp Fürst zu Schwarzenberg deckte mit seinem Korps die Südflanke der Grande Armée.

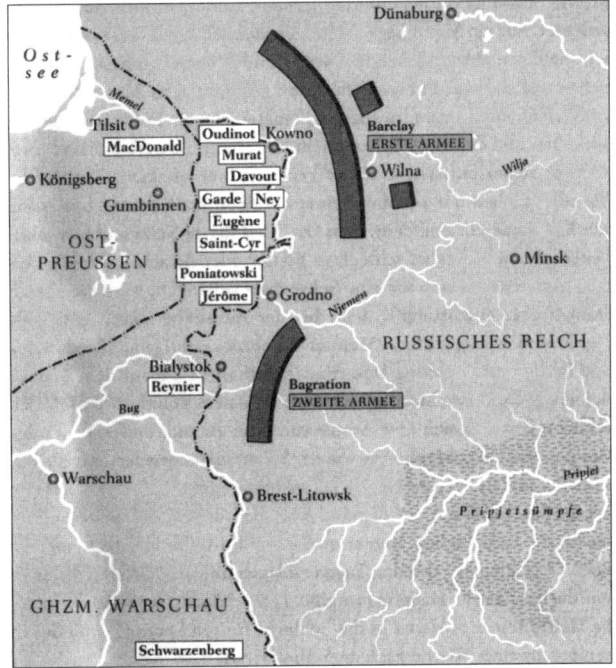

Französischer und russischer Aufmarsch am Vorabend des Feldzuges.

in Berlin hatte", so Clausewitz in seinem oben genannten Buch, „war, daß Bonaparte an den großen Dimensionen des russischen Raumes zugrunde gehen müsse, wenn Rußland diese gehörig ins Spiel bringt, das heißt, seine Kräfte bis auf den letzten Augenblick aufsparen und unter keinen Umständen Frieden machen würde."

Mitte Juni 1812 waren Napoleons Truppen in ihre Bereitstellungsräume vorgerückt. Sie waren in drei Armeen und zwei Flügelkorps gegliedert und standen von Nord nach Süd.

- Linkes Flügelkorps, aus dem Raum Tilsit gegen Riga operierend.
- X. Korps: Marschall Jacques Macdonald, Herzog von Tarent, mit zwei Divisionen Franzosen, Deutschen, Polen, dazu zeitweilig unterstellt das IX. Korps. Das preußische Kontingent (Hilfskorps) unter Julius von Grawert, später Ludwig Yorck von Wartenburg.
- Linker Flügel der Hauptarmee: Oberbefehl: Napoleons Adoptivsohn, Eugène de Beauharnais, Vizekönig von Italien, gegen die Njemenlinie hart nördlich Kowno operierend.
- IV. Korps: Vizekönig von Italien mit vier Divisionen Italienern, Franzosen, Bayern.
- VI. Korps: General Gouvion St. Cyr, später General Carl Philipp von Wrede mit zwei Divisionen Bayern.
- 3. Kavallerie-Korps: General Emmanuel de Grouchy mit Franzosen, Bayern, Sachsen.
- Hauptarmee: Unter Napoleons Befehl von Kowno (Kaunas) aus operierend. Generalstabschef: Marschall Louis Alexandre Berthier, Fürst von Neuchâtel.
- Garde: Alte Garde: Marschall François-Joseph Lefebvre, Herzog von Danzig; Junge Garde: Marschall Édouard Mortier, Herzog von Treviso; Garde-Kavallerie: Marschall Jean-Baptiste Bessières, Herzog von Istrien.
- I. Korps: Marschall Louis-Nicolas Davoût, Fürst zu Eckmühl, mit fünf Divisionen Franzosen und zwei Regimentern Portugiesen.
- II. Korps: Marschall Charles-Nicolas Oudinot, Herzog von Reggio, mit drei Divisionen Franzosen, Schweizern, Hanseaten und Kroaten.

Französische Heerführer: Joachim Murat (oben links), Andoche Junot (oben rechts), Jerôme, König von Westphalen (unten links) und Eugène de Beauharnais (unten rechts)

- III. Korps: Marschall Michel Ney, Herzog von Elchingen, mit drei Divisionen Franzosen und Württembergern.
- Kavallerie: Oberbefehl: Marschall Joachim Murat, Großherzog von Berg, König von Neapel.
- 1. Kavallerie-Korps: General Étienne Nansouty mit Franzosen und Preußen.
- 2. Kavallerie-Korps: General Louis-Pierre Montbrun, dann Caulaincourt, zuletzt General Horace-François Sebastiani mit Franzosen, Bayern und Sachsen.
- Rechter Flügel der Hauptarmee: Oberbefehl: König Jérôme von Westphalen; aus dem Raum westlich Grodno/Wolkowysk operierend.
- V. Korps: Fürst Josef Poniatowski mit drei polnischen Divisionen.
- VII. Korps: General Jean-Louis de Reynier mit zwei sächsischen Divisionen.
- VIII. Korps: König Jérôme, dann General Dominique Vandamme, zuletzt General Jean Andoche Junot mit zwei westfälischen Divisionen.
- 4. Kavallerie-Korps: General Marie Victor de La Tour-Maubourg mit Deutschen und Polen.
- Rechtes Flügelkorps aus dem Raum nördlich von Lublin gegen die Buglinie operierend. Oberbefehl: Karl Philipp Fürst zu Schwarzenberg.
- Österreichisches Hilfskorps (Fürst Schwarzenberg) mit vier Divisionen, hierzu später das VII. Korps.
- IX. (Reserve-) Korps: Marschall Claude Victor, Herzog von Belluno, mit drei Divisionen aus Bergern (Großherzogtum Berg), Badensern, Hessen und Polen hinter der Hauptarmee.

Die Russen wußten nicht, ob sich die Große Armee Napoleons gegen Moskau oder Petersburg wenden würde. Ihre Bereitstellung sollte beide Städte schützen.

- 1. Westarmee: General Michail Barclay de Tolly (Balte schottischer Herkunft) mit sieben Korps am Njemen zwischen Kowno (Kaunas) und Grodno.
- 2. Westarmee: Fürst Pjotr Bagration mit drei Korps im Raum Wolkowysk zwischen Njemen und Bug

Russische Heerführer: Pjotr Bagration (oben links), Michail Barclay de Tolly (oben rechts), Michail Kutusow (unten links) und Zar Alexander I. (unten rechts)

- Kosakenkorps Platow: Befehlshaber Graf Matwej Platow, Ataman der Don-Kosaken, überwachte den Raum zwischen den beiden Hauptarmeen.
- Reserven: General Alexander Tormasow bei Riga und Dünaburg.
- Korps Wittgenstein: General Ludwig Graf zu Sayn-Wittgenstein deckte die Nordflanke im Baltikum.

Nach dem Friedensschluß mit der Türkei am 28. Mai 1812 wurde auch die russische Donau-Armee unter Admiral Pawel Tschitschagow frei und eilte zur Unterstützung der Westarmeen heran. Ihre Stärke betrug 50.000 Mann.

Am 22. Juni 1812 wandte sich Napoleon aus seinem Hauptquartier in Wolkowysk (zwischen Gumbinnen und Kaunas) mit einer Proklamation an seine Truppen.

„Soldaten!
Der zweite polnische Feldzug hat begonnen. Der erste endete zu Friedland und Tilsit. Rußland hat Frankreich ewiges Bündnis und England Krieg geschworen. […] Es bricht heute seine Eide. […] Marschieren wir also vorwärts, gehen wir über den Njemen und versetzen wir den Krieg auf sein eigenes Gebiet! Der zweite polnische Krieg wird für die französischen Waffen glorreicher sein als der erste, der Friede aber, den wir schließen werden […] soll dem verderblichen Einfluß ein Ende machen, den Rußland seit fünfzig Jahren über die Angelegenheiten Europas ausgeübt hat."

In der Nacht zum 22. Juni 1941 wandte sich Hitler ebenfalls mit einem Aufruf an die in Ostpreußen, Polen und Rumänien in Bereitstellung liegenden deutschen Truppen.

„Soldaten der Ostfront!
Von schweren Sorgen bedrückt, zu monatelangem Schweigen verurteilt, ist nun die Stunde gekommen, in der ich zu Euch, meine Soldaten, offen sprechen kann […] Es stehen 160 russische Divisionen* an unserer Grenze. Seit Wochen finden dauernde Verletzungen dieser Grenze statt, nicht nur bei uns, sondern ebenso im hohen Norden wie in Rumänien. […] In diesem Augenblick,

---

* Nach damaligen Erkenntnissen.

28

Soldaten der Ostfront, vollzieht sich ein Aufmarsch, der in Aus-
dehnung und Umfang der größte ist, den die Welt je gesehen
hat. […] Wenn diese größte Front der Weltgeschichte nunmehr
antritt, dann geschieht es nicht nur, um die Voraussetzungen zu
schaffen für den endgültigen Abschluß des großen Krieges überhaupt oder um die im Augenblick betroffenen Länder zu schützen, sondern um die ganze europäische Zivilisation und Kultur
zu retten. Deutsche Soldaten! Damit tretet Ihr in einen harten
und verantwortungsschweren Kampf ein. Denn: Das Schicksal
Europas, die Zukunft des Deutschen Reiches, das Dasein unseres
Volkes liegen nunmehr allein in Eurer Hand."

Am 23. Juni 1812 begab sich Napoleon zu seinen Vorposten am
Njemen und bestimmte nach seiner Erkundung eine Stelle zum
Brückenschlag, wo gleich drei Brücken nebeneinander entstehen
sollten. Zur Sicherung des Brückenbaues wurden drei Kompanien mit Booten über den Fluß gebracht. Sie fanden keinen Feind.
Die schwachen Kosaken-Vorposten hatten sich unbemerkt abgesetzt. Durch ihre Wachsamkeit erfuhr der Zar, daß der Krieg
begonnen hatte – ohne eine Kriegserklärung.
Zar Alexander I. befand sich auf einem Ball im Schloß Zakrett
östlich von Wilna, als er die Nachricht vom Beginn des Krieges
erhielt. Der Ball wurde sofort abgebrochen. Der Zar beriet sich
mit seinen Heerführern und verfügte am 23. Juni das Anlegen
von Lebensmittelmagazinen in Witebsk, Welikije-Luki, Ostrow
und Pleskau. Er befahl, daß die Regionen Witebsk und Mogilew
in Kriegszustand zu versetzen sind und ganz Litauen geräumt
werden soll.
Napoleon begann den Rußlandfeldzug mit einem Aufruf an
seine Soldaten, Zar Alexander I. wandte sich dagegen an sein
Volk.

„Russen!
Schon seit längerer Zeit hatten wir von Seiten des Kaisers der
Franzosen feindselige Gesinnung gegen Rußland bemerkt. Wir
hofften jedoch, sie durch versöhnende und friedliche Mittel aus-
zugleichen. […] [Trotzdem] sahen wir uns […] genötigt, unsere Heere […] zusammenzuziehen. Jetzt noch bemühten wir uns
um eine Aussöhnung und blieben […] an den Grenzen unseres

Reiches stehen, bereit, uns zu verteidigen, ohne jedoch den Frieden zu verletzen. Der Kaiser der Franzosen hat mit seinem plötzlichen Angriff auf Kowno den Krieg zuerst begonnen. So bleibt uns nichts übrig, als, unter Anrufung der Hilfe des Allmächtigen, unsere Streitkräfte denen des Feindes entgegenzusetzen. [...] Ihr verteidigt die Religion, das Vaterland und die Freiheit! Ich bin mit Euch, Gott ist gegen die Angreifenden."

Den Oberbefehl über die russischen Truppen hatte sich anfangs der Zar selbst vorbehalten, aber bald verließ er sein Hauptquartier, das die West-Armeen führte, und Barclay de Tolly, der Kriegsminister war, übernahm den Oberbefehl, ohne dazu ausdrücklich ermächtigt zu sein. Aus diesen unklaren Befehlsverhältnissen ergaben sich in der Folge mehrmals Unstimmigkeiten. Barclay handelte nach der Maxime, die Schlacht zu vermeiden und statt dessen Raum und Zeit, Frost und Hunger auf den Feind einwirken zu lassen.

Die Zahlenangaben über die am Feldzug beteiligten Streitkräfte beider Seiten sind unterschiedlich. Der Vergleich mehrerer Veröffentlichungen läßt den Schluß zu, daß die 1. Westarmee über etwa 130.000 Mann und die 2. Westarmee über 40.000 Mann verfügte. Zwischen den beiden Armeen standen Platows Kosaken in der Stärke von 10.000 Reitern. Dazu kam dann die Reservearmee unter Tormasow mit etwa 45.000 Mann und die heraneilende Donau-Armee des Admirals Tschitschagow mit etwa 50.000 Mann. Die Gesamtstärke der russischen Streitkräfte mit Fernost-Armee, Truppen in Finnland, in Garnisonen und Depots wird mit 370.000 bis über 400.000 Mann angenommen.

Die Gesamtstärke der Großen Armee betrug etwa 610.000 Mann. Davon entfielen auf die Hauptarmee etwa 232.000 Mann.

In der Nacht zum 22. Juni 1941 befanden sich von der Ostsee bis zum Schwarzen Meer drei Millionen deutsche Soldaten in sieben Armeen und vier Panzergruppen (ohne Verbündete) mit 600.000 Fahrzeugen, 750.000 Pferden, 3.580 Panzerkampfwagen, 7.184 Geschützen und etwa 2.000 Flugzeugen in Bereitstellung und warteten auf den Angriffsbefehl.

Gegenüber lagen 15 Sowjet-Armeen mit fünf Millionen Soldaten mit leichten und schweren Waffen, mit 34.700 Geschützen, 10.500 Panzern und 8.500 Flugzeugen nur in den westlichen Mi-

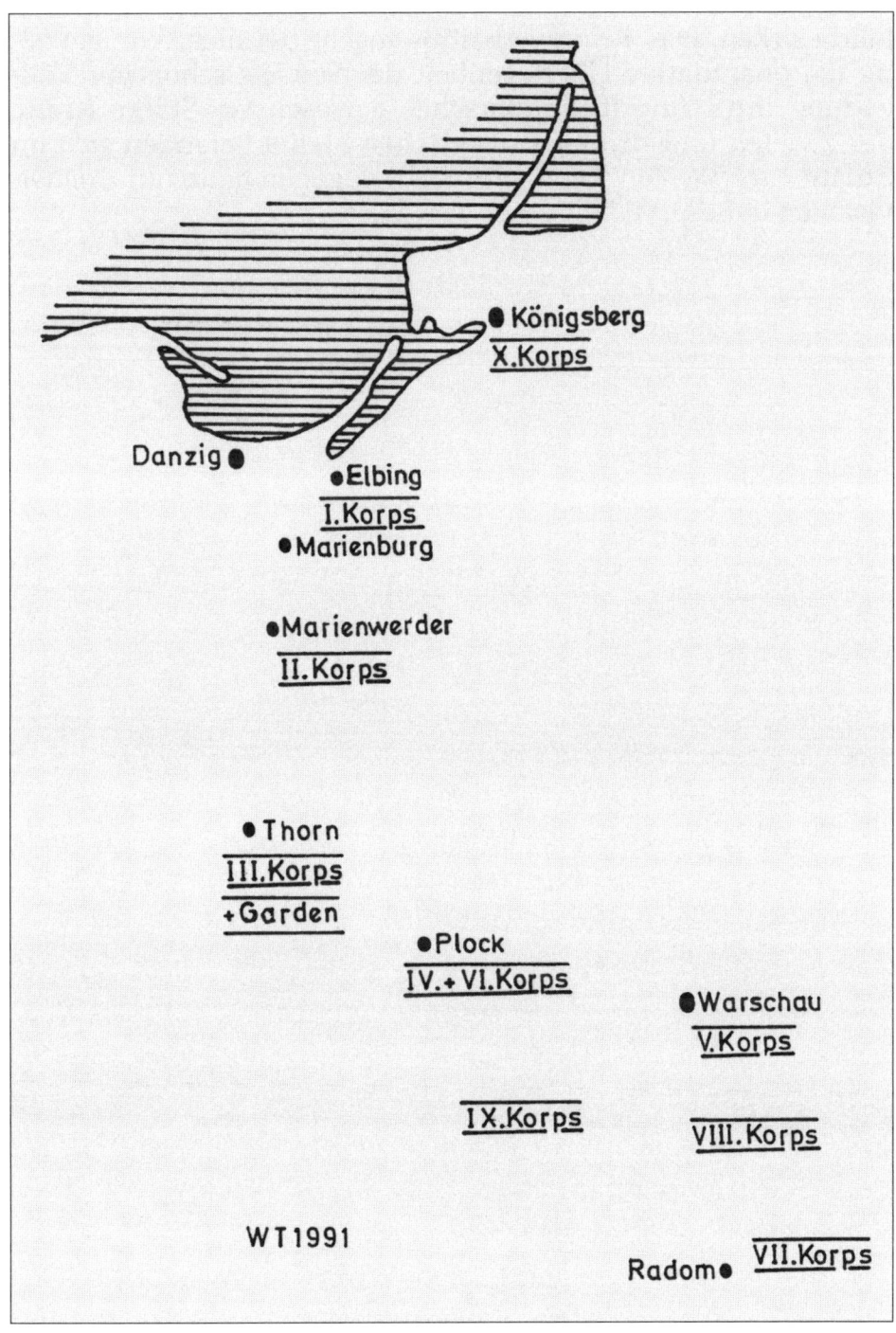

Kartenskizze 1: Versammlungsräume der Großen Armee Anfang Juni 1812

litärbezirken. Das Kräfteverhältnis macht deutlich, wie gewaltig die quantitative Überlegenheit der Sowjets schon vor Vollendung ihres Angriffsaufmarsches gewesen ist. Starke Kräfte der zweiten und dritten strategischen Staffel befanden sich im Zulauf nach Westen. Die Wehrmacht dagegen hatte nur drei Divisionen in Reserve.*

---

* Zahlen nach Magenheimer, Moskau 1941, S. 18 ff.

1812 – Von Kowno bis Smolensk

Am 23. Juni 1812, gegen 23 Uhr, waren südlich von Kowno die drei Kriegsbrücken fertig, über die Napoleons Große Armee ohne Kriegserklärung in Rußland einfiel. Die 1. Westarmee Barclay de Tollys gab Wilna und Kowno kampflos auf und zog sich auf das befestigte Lager Drissa an der Düna zurück.

Der Großen Armee wurde die Natur zum ersten Feind. Gleich nachdem Napoleon den Njemen überschritten hatte, brach ein furchtbares Gewitter los, das alle Wege in Moraststrecken verwandelte. Der Landstrich zwischen Kowno und Wilna bestand aus Wald und erst vor kurzem urbar gemachtem Land.

Über diese grundlosen Wege trieb Napoleon seine Armee vorwärts, denn sein Kriegsplan baute auf Schnelligkeit seiner Truppen und Überraschung des Feindes auf. Zwischen Kowno und Wilna verlor er bereits 10.000 Pferde, die vor den Troßwagen und Kanonen unter Peitschenhieben krepierten.

Napoleon zog – umringt von polnischen Regimentern – in Wilna ein. Jetzt war der Tag gekommen, um den Polen, seinen treuen Waffengefährten, durch Proklamation ihr altes Reich zurückzugeben. Er tat es nicht und vertröstete sie mit leeren Phrasen. Und auch die Litauer, die Napoleon 30.000 Mann zur Verfügung stellen wollten, waren enttäuscht und konnten nur eine kleine Streitmacht rekrutieren. Enttäuscht war auch Napoleon. Er hatte geglaubt, daß sich die Russen gleich bei Wilna zur Schlacht stellen würden. Statt dessen zog sich Barclay geordnet zurück und räumte fast alle Lager.

Während nun Napoleons Hauptkräfte (1. und 2. Armee) der Armee Barclays folgten, wurde Marschall Davoûts I. Korps von Wilna auf Minsk angesetzt, um dort die 2. Westarmee (Bagration) abzufangen, die ihm die 3. Armee König Jérômes zutreiben sollte. Jérôme rückte erst am 4. Juli von Grodno und nur zögernd gegen Bagration vor, der dadurch – weit nach Süden ausholend – entkommen konnte. Dadurch trat ein, was Napoleon verhindern wollte: die Vereinigung der russischen Westarmeen bei Smolensk.

Zum größten Problem der Großen Armee wurde der Nachschub. Die drei Tagesrationen, die jeder Soldat mit sich führte, waren schnell verbraucht. Die Armee mußte sich aus dem Lande ernähren. Beschlagnahmungen und Plünderungen trieben die einheimische Bevölkerung in den passiven Widerstand. Napoleon befahl die Errichtung von Vorratslagern in Wilna, aber ehe die Lebensmittel von Königsberg und Danzig eintrafen, war die Armee längst weitermarschiert. Napoleon blieb in Wilna, um den Ausbau der Stadt zu einem Stützpunkt und die Anlage von Vorratslagern selbst in die Hände zu nehmen. Erst als seine Hauptkräfte im Raum Swenzjany operierten, folgte er nach.

Murat, mit der Reiterei im Zentrum der 1. und 2. Armee, trieb die 1. russische Westarmee auf die Düna zurück, ohne sie jedoch zum Kampf zu stellen. Am linken Flügel der Hauptkräfte ging Oudinots II. Korps auf Dünaburg vor, dem das russische Korps Wittgenstein kaum Widerstand entgegensetzte. Am 13. Juli stand Oudinot vor Dünaburg, doch der Angriff auf die befestigte Stadt schien ihm zu riskant. Er zog mit seinem Korps auf der Südseite des Flußes nach Osten, um wieder näher an das Haupttheer heranzurücken. Wittgenstein folgte auf der anderen Seite des Flusses und wartete auf die Chance, über Oudinot herfallen zu können. Diese ergab sich am 15. Juli bei Druia, wobei durch einen Überraschungsangriff den Franzosen erhebliche Verluste zugefügt werden konnten. Nach diesem Kampf, der auch moralisch positiv auf die Russen wirkte, zog Wittgenstein nach Drissa, wo auch die 1. Westarmee eintraf.

„Barclay (1. Westarmee) hatte sich auf das befestigte Lager von Drissa zurückgezogen. Hier hatte er gehofft, Vorräte für das Heer und Lebensmittel für mehrere Wochen vorzufinden und dann die große Schlacht zu schlagen. Der traurige Umstand aber, daß er hier kaum Mundvorräte für einige Tage vorfand, bewogen ihn, sich auf Witebsk zurückzuziehen, um die Verbindung mit

Angriff französischer Kavallerie

der 2. Westarmee zu suchen."* Am 16. Juli räumte Barclay das Lager von Drissa und marschierte nach Witebsk ab.

Bei Caulaincourt heißt es dazu: „Am 17. Juli verließ Kaiser Napoleon Wilna, um in Swenzjany wieder zu seiner Garde zu stoßen. Er erhielt dort Depeschen von Marschall Murat, der ihm Näheres über den Mißerfolg seiner Kavallerie (die Barclay stellen wollte) mitteilte. Gleichzeitig meldete er ihm die Räumung des Lagers von Drissa und den allgemeinen Rückzug der russischen Armee, die alle ihre Stellungen und die Befestigungswerke, an denen man seit zwei Jahren so eifrig gebaut, nun aufgegeben hatte. […] Der Kaiser entschloß sich sofort, auf Glubokoc

---

* Müller Bohn: Die deutschen Befreiungskriege, Berlin 1913.

vorzugehen. Die Garde wurde unverzüglich in diese Richtung in Marsch gesetzt. Er blieb zwölf Stunden in Swenzjany, um Befehle auszufertigen, und marschierte dann die ganze Nacht hindurch. Er hoffte, durch diesen Eilmarsch die Mitte oder den Flügel der russischen Armee zu packen; er erreichte am Vormittag Glubokoc. Dieser erstaunliche Marsch von Wilna nach Glubokoc bewies, welche gewaltigen Marschleistungen mit gut geführten Pferden möglich sind; denn diese Pferde, die außer ihrem Reiter noch schweres Gepäck trugen, waren um 6 Uhr morgens von Wilna in Marsch gesetzt worden, kamen in Swenzjany um 8 Uhr abends an und waren am nächsten Tage gegen Mittag in Glubokoc; sie hatten 26 Meilen* zurückgelegt. Zugpferde leisteten die Entfernung von Swenzjany bis Glubokoc in 18 Stunden (über 40 Kilometer). [...] Durch die Schnelligkeit seiner Manöver hoffte der Kaiser, die Russen zu zwingen, die von ihm ersehnte Schlacht anzunehmen. [...] Die Armee Bagration, so meinte er, werde den Anschluß an Barclay nicht mehr gewinnen können; sie werde gefangen oder aufgerieben, was in Rußland großen Eindruck machen werde, da dieser General ein alter Waffengefährte von Suworow** sei. Der Kaiser entschloß sich schnell zum Vormarsch auf Witebsk, in der Hoffnung, die russische Armee zum Kampf zwingen zu können, um diese Stadt zu verteidigen oder um Bagration aufzunehmen, dem das I. Korps (über Minsk auf Mogilew vorgehend) hart an der Klinge blieb."

Im Raum Witebsk, auf der Landbrücke zwischen Düna und Dnjepr, hoffte Napoleon, die beiden russischen Armeen nacheinander zu schlagen. Er vermutete richtig, daß sie sich dort vereinigen wollten.

Mit der Aufgabe von Drissa verließ Zar Alexander I. seine Truppen und begab sich nach Moskau. Er erließ flammende Aufrufe an seine Soldaten, an sein Volk und in Moskau an die Moskauer. Er forderte Tapferkeit von seinen Soldaten und Opferbereitschaft von der Bevölkerung.

In ähnlichen Aufrufen wandte sich Barclay de Tolly, der nun ohne ausdrücklichen Befehl zum Oberkommandierenden der russischen Armeen avanciert war, an seine Soldaten – und an die

---

* Das Längenmaß Meile variierte in den europäischen Staaten. Eine preußische Meile betrug etwa 7,5, eine russische Meile 7,46 und eine französische Meile 4,5 Kilometer.
** Alexander W. Suworow, 1730–1800, war russischer Generalissimus und vor allem berühmt durch seinen Alpenübergang über den Gotthardpaß im September 1799 im Zweiten Koalitionskrieg gegen die Franzosen von 1799 bis 1801.

Alexander Suworow, russischer Generalissimus

Deutschen im französischen Heer, „die fremden Fahnen zu verlassen und in die russisch-deutsche Legion einzutreten, die der Herzog von Oldenburg* befehligen werde."

Während das Korps Wittgenstein in Polozk zurückblieb, setzte die 1. Westarmee ihren Marsch auf Witebsk beschleunigt fort. Barclay war entschlossen, sich bei Witebsk zum Kampfe zu stellen.

Am 24. Juli traf die Vorhut der Franzosen bei Bescenkowiczi auf russische Vorposten, die sich kämpfend zurückzogen. Das fran-

---

* Peter I. Friedrich Ludwig von Oldenburg, 1755–1829, als sein Herzogtum 1810 durch Napoleon annektiert wurde, ging er ins russische Exil und kämpfte in den Reihen der Russen gegen die Franzosen.

zösische Hauptheer schloß auf, unter welchen Schwierigkeiten, das beschrieb Friedrich Steger so: „Die französischen Heeresabteilungen wurden wie gewöhnlich durch Terrainhindernisse und elende Wege aufgehalten. Sie marschierten zwischen Sumpf und Wald. […] Der starke Regen hatte die Wege ungangbar gemacht. […] Artillerie und Gepäckwagen kamen nur mühsam nach. […] In Bescenkowiczi herrschte Verwirrung, viele Truppenabteilungen waren zu gleicher Zeit hier eingetroffen und drängten sich in den Straßen. Die Generalstäbe der Korps füllten die Häuser, so daß die Truppen, die ununterbrochen marschierten, kein Unterkommen finden konnten. […] Artillerie, Bagage und Ambulanzen bildeten dichte Knäuel, die erst gegen Morgen durch die Anstrengungen der Offiziere aufgelöst werden konnten."

Am 26. Juli war die Masse der 1. Westarmee hinter der Luczissa, einem kleinen Nebenfluß der Düna, in Stellung gegangen. Hier kam es zu hin- und herwogenden Kämpfen, die den Franzosen Vorteile brachten. Die Russen gingen zurück.

Am 27. Juli 1812 stand die 1. Westarmee in Schlachtordnung auf der beherrschenden Hochebene vor Witebsk. Die Franzosen rannten gegen den Feind an, erzielten Vorteile, konnten aber keine Entscheidung erzwingen, da noch nicht genügend Bataillone zur Stelle waren. Napoleon brach am Spätnachmittag die Schlacht ab, in der Hoffnung, am nächsten Tag den Sieg erzwingen zu können. Am Abend des 27. Juli verabschiedete sich Kaiser Napoleon von seinem Schwager Joachim Murat,* der die Reiter-Korps führte, mit den Worten: „Morgen um fünf Uhr, die Sonne von Austerlitz!" In der Drei-Kaiser-Schlacht bei Austerlitz in Mähren hatte Napoleon 1805 Russen und Österreicher vernichtend geschlagen; gerade als gegen Mittag die Sonne durchbrach, wurde die Schlacht entschieden.

Barclay, der die Schlacht annehmen wollte, erhielt in der Nacht von Bagration die Nachricht, daß er erneut vom I. französischen Korps gezwungen wurde, nach Süden auszuweichen und darum nicht rechtzeitig bei Witebsk eintreffen könne. Barclay, der auf ein Zusammenwirken mit Bagration gesetzt hatte, zog sich in der Nacht zum 28. Juli in Richtung Smolensk zurück.

Als Murat am Morgen des 28. Juli bei den Vorposten erwachte, war kein Feind mehr zu sehen. Witebsk war geräumt. Die 1. Westarmee zog auf drei Straßen nach Osten und bezog mit

---

* Murat war seit 1800 mit Napoleons jüngster Schwester Caroline verheiratet.

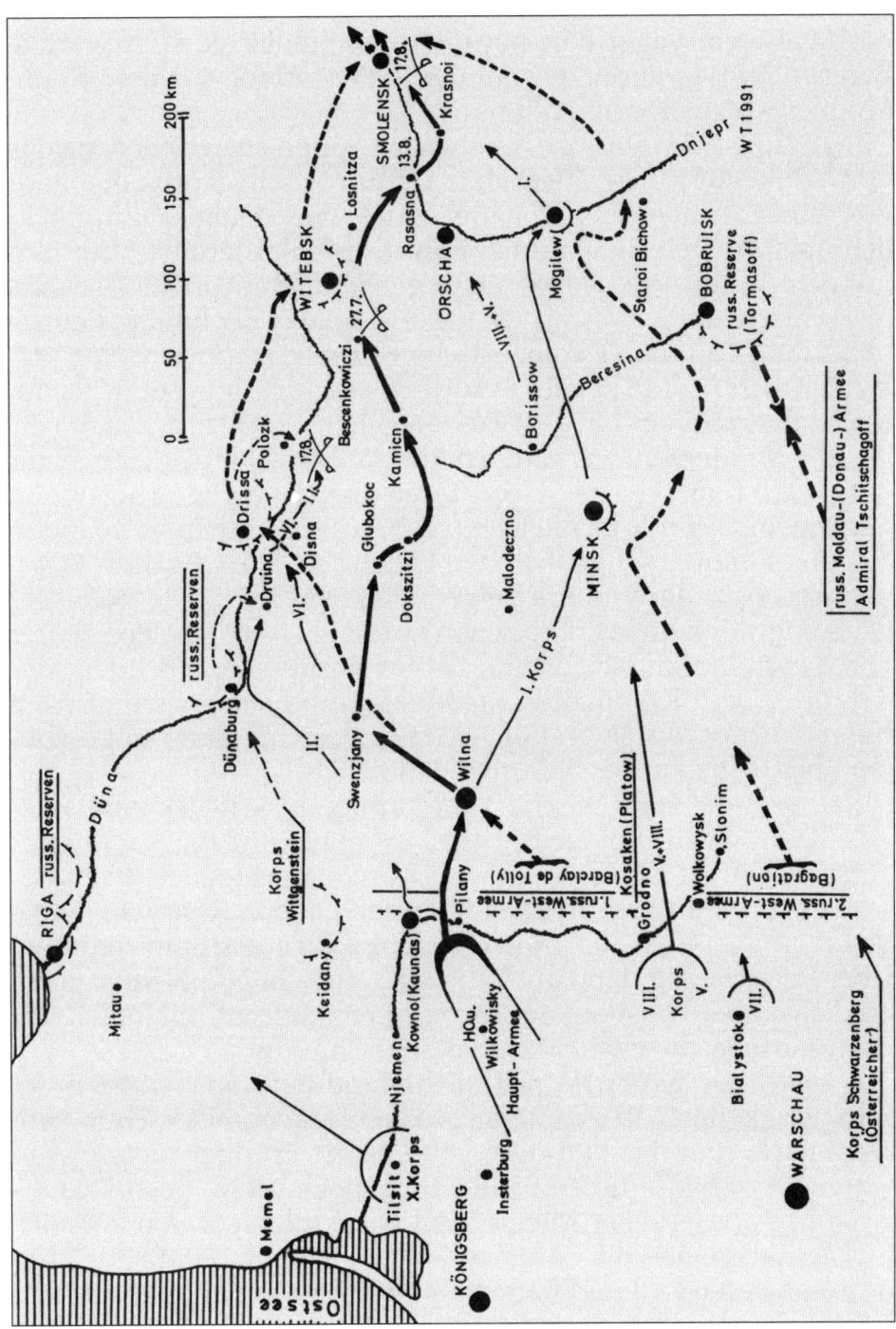

Kartenskizze 2: Der Rußlandfeldzug Napoleons 1812/13 – Vormarsch

der Masse ein Lager hart nördlich von Smolensk. Hier wartete Barclay auf Bagration, der mit der 2. Westarmee aus dem Raum Mogilew–Mstislaw herankam.

Bagrations 2. Westarmee mußte nach Süden ausweichen, da das von Wilna auf Minsk angesetzte I. französische Korps die Stadt vor seiner Armee erreicht hatte. Seine Armee kam dann glücklich über die Beresina – durch Führungsfehler Jérômes, der ihm mit dem V. und VIII. Korps nur zögernd folgte. Von der Beresina marschierte die 2. Westarmee nach Mogilew, doch hier stieß sie unvermutet auf das I. französische Korps, das ihr den Weg verlegte. Am 23. Juli 1812 kam es südlich von Mogilew zur Schlacht, wobei Bagration mit 35.000 Russen gegen 12.000 Franzosen verlor. Die Minderzahl an Soldaten konnte Marschall Davoût, einer der besten französischen Heerführer, durch wendige Führung in günstigem Gelände ausgleichen. Die Russen wichen nach Süden aus und konnten schließlich den Dnjepr bei Stary Bychow überwinden. Wäre Jérôme mit seiner 3. Armee zur Stelle gewesen, hätte Bagration nicht entkommen kommen. Als Napoleon später von diesen Ereignissen erfuhr, zürnte er mit seinem Bruder,* der daraufhin sein Kommando niederlegte und sich beleidigt nach Kassel zurückzog. Bagrations Armee erreichte dann ungeschoren über Mstislaw das befestigte Smolensk.

Während die französische Hauptarmee in Witebsk eine 14tägige Rast einlegte, um die Korps zu sammeln und die Nachzügler aufschließen zu lassen, zog das I. Korps von Mogilew nach Rasasna und baute drei Brücken über den Dnjepr. Rasasna war als Vereinigungspunkt der französischen Korps bestimmt worden. Über Rasasna zog dann auch die Hauptmacht Napoleons gegen Smolensk. Bei Krasnoi kam es zu einem Gefecht mit Teilen der 2. Westarmee, die nach Smolensk marschierten.

Je weiter die Große Armee in Rußland eindrang, desto mehr Schwierigkeiten gab es. Hierzu schrieb Steger: „Nachschub kam nicht nach, und das Plündern, auf das die Truppen angewiesen waren, verschaffte ihnen weder Brot, noch Mehl, noch Branntwein in erforderlicher Menge. [...] Die Mühlen waren zerstört. [...] So sahen sich die Soldaten auf das Fleisch gefallener Pferde angewiesen [...] und hatten als einziges Getränk nur schlammiges, ungesundes Wasser. [...] Unter allem litten die fremden

---

* Jérôme Bonaparte (1784–1860) war der jüngste Bruder Napoleons. Dieser setzte ihn 1807 als König des neugeschaffenen Königreiches Westphalen ein, wo er bis 1813 herrschte.

Truppen, Deutsche und Italiener, am meisten, da man ihnen die größten Anstrengungen zumutete und sie doch in der ohnehin dürftigen Verpflegung hinter den Franzosen anstanden. Die Zahl der Nachzügler war unglaublich. Napoleons Befehl, daß alle Soldaten, die ohne genügenden Grund hinter ihrer Heeresabteilung zurückblieben, erschossen werden sollten, war undurchführbar, weil man dann Tausende hätte erschießen müssen." Der Bericht spricht davon, daß selbst Erschießungen von Plünderern keine Wirkung zeigten. Nur die Garden und das Hauptquartier wurden ausreichend verpflegt. „Am furchtbarsten wurden die unglücklichen Kranken und Verwundeten von der allgemeinen Not getroffen. Die Lazarette befanden sich in einem traurigen Zustand. In Witebsk fehlte es in den ersten Tagen an Stroh, von Arzneien und anderen Stärkungsmitteln war gar keine Rede."

Caulaincourt, der Großstallmeister Napoleons, der für dessen „Fuhrpark" zuständig war und mit dem Kaiser oft persönlich zusammen war, ergänzte diesen Bericht: „Unsere Kranken, unsere Verwundeten gingen zugrunde, weil ihnen die geringste Hilfe fehlte. Die zahllosen Trainwagen, die unermeßlichen Lebensmittelvorräte, die seit zwei Jahren mit riesigen Kosten angesammelt waren – sie waren verschwunden, ausgeplündert, verloren aus Mangel an Transportmitteln. Die Schnelligkeit der Märsche, die Mängel der Bespannung, die unzureichend war und nicht abgelöst werden konnte, der Futtermangel, die schlechte Pflege – alles war zusammengekommen, um den Pferdebestand zu vernichten. Dieser Feldzug, der ohne greifbares Ergebnis uns vom Njemen bis nach Witebsk geführt, hatte die Armee schon mehr gekostet als zwei verlorene Schlachten (die Abgänge betrugen bis Witebsk 130.000 Mann) und beraubte sie ihrer Hilfsquellen und ihrer unentbehrlichen Unterhaltsmittel. [...] Bei dem Marsch auf einer ausgeplünderten Straße, ohne Magazine, konnte der Mann sich nicht um seine Gäule kümmern, [...] sah er sie ohne großes Bedauern zugrunde gehen; winkte ihm doch mit der Auflösung seines Dienstzweiges das Ende seiner persönlichen Entbehrungen. Nimmt man das alles zusammen, so wird einem das Geheimnis und die Ursache unserer ersten Mißerfolge und unserer letzten Katastrophen offenbar."

Am 13. August hatte das I. Korps (Davoût) drei Brücken über den Dnjepr bei Rasasna fertiggestellt, über die nun die Hauptmacht Napoleons nacheinander in Richtung Smolensk zog. Das II. und VI. Korps blieben zur Flankendeckung bei Polozk und Witebsk zurück. Sie schlugen sich dort mit dem russischen Korps Wittgenstein herum, währenddessen die Masse der Großen Armee nach Moskau zog.

Napoleon faßte den Plan, die vereinigten russischen Westarmeen bei Smolensk zu umfassen und zu schlagen. Am 17. August war Napoleons Streitmacht mit 153.000 Mann Fußvolk und 32.000 Mann Reiterei bei Smolensk aufmarschiert, aber Barclay de Tolly, der die vereinigten russischen Armeen nun führte, ging nicht in die gestellte Falle: Er griff nicht an, sondern zog ab und ließ die Stadt Smolensk nur von Nachhuten verteidigen. In der Nacht zum 18. August drang ein Bataillon Franzosen in die im Südteil der Stadt gelegene Zitadelle ein, und am folgenden Tag war ganz Smolensk gefallen. Die Stadt war leer, die Bevölkerung geflohen, die Magazine ausgeräumt.

Die Russen zogen sich auf drei Straßen zurück. An der Straße nach Moskau und bei Stabna und Walutina kam es zu kurzen Gefechten. In Dorogobusch setzten sich die Russen erneut fest, und Napoleon glaubte, daß sich die Russen zur Schlacht stellen wollten. Als jedoch seine Armee aufmarschiert war, war das russische Heer wieder weitergezogen. Am 25. August traf Napoleon in Dorogobusch ein. Tags darauf war die von den Russen zerstörte Dnjepr-Brücke wiedererrichtet. Zwei Tage später marschierte die Große Armee nach Wjasma. Am 29. August besetzten die Franzosen nach einem Gefecht mit russischen Nachhuten die Stadt.

1941 – „Barbarossa": 1. Phase

Die deutsche Wehrmacht war im Juni 1941 von der Memel bis zur Donaumündung gegen die angriffsbereiten Armeen der Sowjetunion aufmarschiert.

In der Nacht vom 21. auf den 22. Juni 1941 lagen deutsche Stoßtrupps und Sturmkompanien sprungbereit an Rußlands Westgrenze und warteten auf den Einsatzbefehl. Weiter rückwärts hatten unzählige Batterien Feuerstellungen bezogen, und die Kanoniere luden ihre Geschütze mit scharfen Granaten. In grenznahen Wäldern machten Panzerfahrer ihre Stahlungetüme startklar, verstauten die Besatzungen Panzer- und Sprenggranaten in ihren Panzern. Und dann hieß es warten, warten…

22. Juni, 2.45 Uhr: Ein Stoßtrupp der 3. Panzerdivision beseitigt lautlos den sowjetischen Brückenposten an der Bugbrücke von Koden, südwestlich von Brest-Litowsk, und bildet einen kleinen Brückenkopf über den Fluß.

Nicht weit davon, an der Eisenbahnbrücke westlich von Brest, liegt ein Stoßtrupp der 45. Infanteriedivision. Ihr Führer Leutnant Zumpe und seine Soldaten der 3. Kompanie des Infanterieregiments 135 haben sich in ihre Ausgangspositionen vorgeschlichen und warten. Zumpe verfolgt angespannt den vorrückenden Zeiger auf dem Leuchtzifferblatt seiner Armbanduhr. 3.10 Uhr. Vor gut einer Stunde wurde noch ein russischer Getreidezug an der Grenzbrücke vom deutschen Zoll abgefertigt und rollte in Richtung Deutschland. Bis zuletzt war Stalin bestrebt, seine wirklichen Absichten zu verbergen und erfüllte seine Verpflichtungen aus den deutsch-sowjetischen Wirtschafts- und Handelsverträgen peinlich genau.

3.15 Uhr! Zumpe springt auf und schreit: „Sprung auf Marsch, Marsch – zur Brücke!" Gleichzeitig erzittert die Erde unter den

Abschüssen von Tausenden von deutschen Geschützen und Nebelwerfern. Sekunden später wachsen auf russischer Seite die Einschläge urplötzlich zu einem Wald von Blitzen und Rauch hoch auf. Der Feldzug Deutschlands gegen die Sowjetunion hatte begonnen. Fast auf den Tag genau, am 23./24. Juni, 129 Jahre davor, war Napoleon bei Kowno (Kaunas) in Rußland einmarschiert.

Zeitgleich mit dem Aufbrüllen der Kanonen und Haubitzen, der Mörser und Granatwerfer jagt der Stoßtrupp Zumpe über die Eisenbahnbrücke. Unter den Stiefeln der Soldaten dröhnen die Bohlen des Brückenbelages, was sie zu noch größerer Eile antreibt, denn sie müssen damit rechnen, daß die Brücke jederzeit in die Luft gejagt wird. Doch es gelingt, die sowjetische Brückenwache außer Gefecht zu setzen und die Sprengladungen an den Brückenpfeilern zu beseitigen.

Diese Brücke und die bei Koden waren Schlüsselpunkte auf dem Weg zur Stadt und zur Festung Brest. Über Brest führte die wichtigste Straßen- und Eisenbahnverbindung von Polen nach Weißrußland. Und so wie hier bei Brest wurden Memel und Njemen, Bug und San und Tage später der Pruth überwunden. Weißrußland war das erste Ziel der Heeresgruppe Mitte. Weißrußland war einst auch das erste Ziel der Großen Armee Napoleons gewesen.

Das Kriegstagebuch des Oberkommandos der Wehrmacht dokumentiert unter dem 22. Juni 1941 den zügigen Feldzugsbeginn: „Osten: Zwischen 3.05 Uhr und 3.30 Uhr treten die Heeresgruppen (HGr.) Süd*, Mitte und Nord planmäßig zum überraschenden Angriff gegen Rußland an. Im Laufe des Vormittags verstärkt sich der Eindruck, daß die Überraschung in allen Abschnitten gelungen ist. Der Gegner setzt dem Angriff zunächst nur schwachen Widerstand entgegen. An der ganzen Front gelingt es, schon in den Morgenstunden 4–5 Kilometer tief vorzustoßen und in die feindliche Grenzverteidigung einzubrechen. […] Bei der 17. Armee gelingt es, alle Brücken im Grenzabschnitt unzerstört in Besitz zu nehmen. Bei 6. und 4. Armee fallen die Solokija- und Bug-Brücken unversehrt in eigene Hand, um die Zitadelle Brest wird hartnäckig gekämpft. Die Lage bei der 9. Armee entwickelt sich entsprechend. Grajewo wird genommen, die dort befindlichen Bunker sind nicht vom Feinde besetzt. Mit Teilen (161. ID) wird der Übergang über den Njemen

---

* Ohne 11. Armee, die erst am 2. Juli mit zwei rumänischen Armeen über den Pruth hinweg antrat.

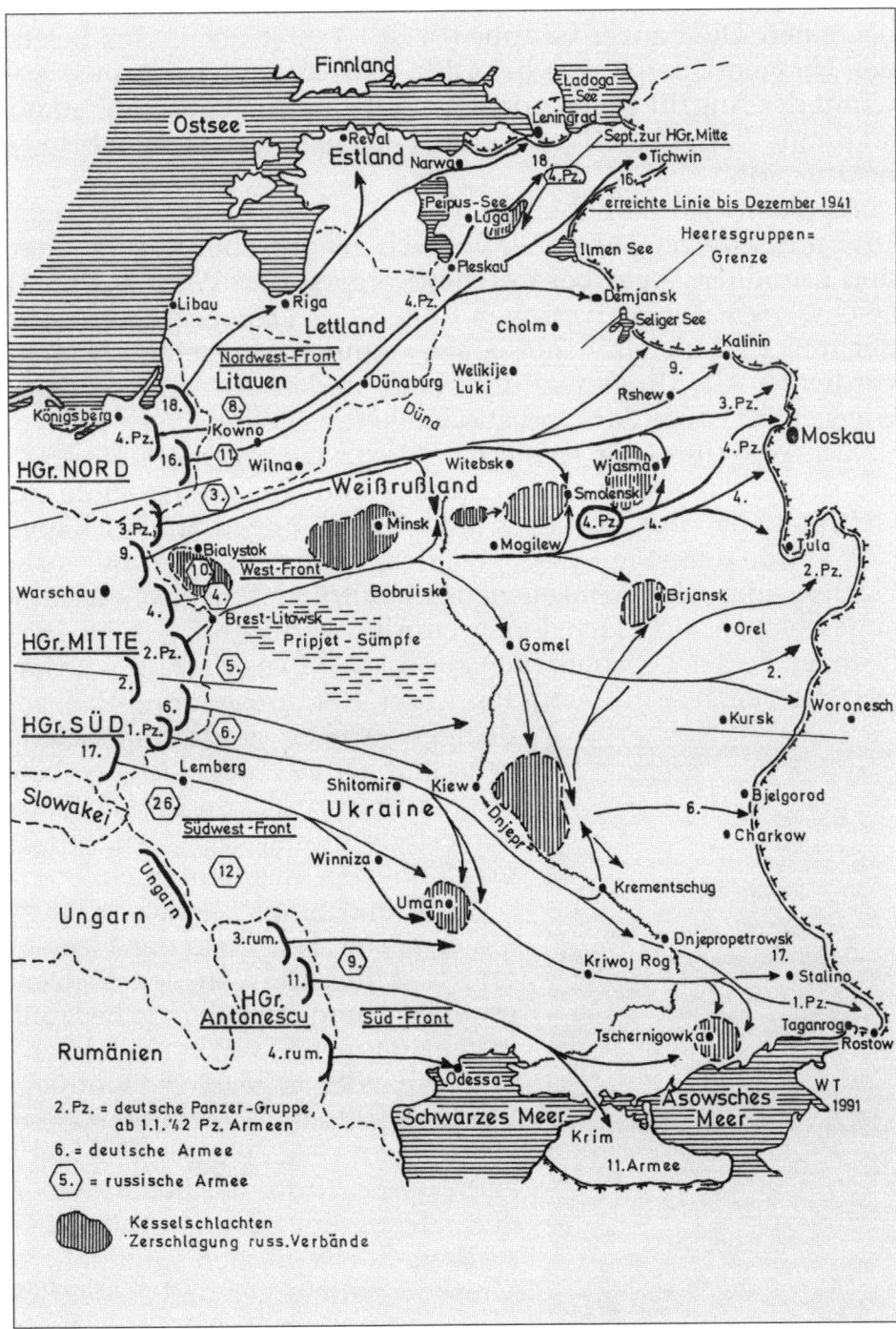

Kartenskizze 3: Unternehmen Barbarossa 1941/42

begonnen. Die Panzer-Gruppe (PzGr.) 3 setzt sich in den Besitz des Njemen-Überganges bei Olita. Bei 16. und 18. Armee gewinnt der Angriff gegen zunächst schwachen Feindwiderstand an Raum. PzGr. 4 stößt erfolgreich nördlich des Njemen bis Seredzius vor."

Napoleons Korps hatten in den ersten Tagen des Feldzuges 1812 nur schwachen Gegner vor sich gehabt, aber Regenwetter und grundlose Wege bei Kowno (Kaunas) und Wilna (Vilnius) erschwerten das Fortkommen ungemein. Dagegen zeigte sich der Juni 1941 als ein beginnender Sommer, der seinen Namen verdiente. Allerdings war der Feind stärker als angenommen, wie sich im Laufe der Operationen herausstellte.

Nach Aufreißen der russischen Grenzstellungen setzten 1941 die deutschen motorisierten- (mot.) und Panzer-Verbände zu weiträumigen Durchbrüchen und Umfassungen an. Bei Bialystok wurde der erste Kessel geschlossen, die „West-Front" – die Heeresgruppe des Armeegenerals Dmitrij G. Pawlow – schwer angeschlagen, drei Divisionen wurden vernichtet. Die im Bialystoker Bogen versammelten russischen Panzerkräfte wurden verzettelt eingesetzt – und vernichtet. Rotarmisten und Panzer-

Dmitrij Pawlow

männer – soweit sie nicht in Gefangenschaft gerieten oder sich ergaben – versuchten, durch die großen Wälder ostwärts Bialystok nach Minsk und Smolensk zu entkommen.

Minsk und Smolensk waren auch die ersten großen Ziele der Heeresgruppe Mitte, die von den Panzergruppen 2 und 3 (später umbenannt in Panzerarmeen) weit vor den Infanterieverbänden angegangen wurden.

Generalleutnant Andrej Jeremenko löste Pawlow – der wegen „Feigheit" erschossen wurde – als Befehlshaber der „West-Front"ab und erhielt den Auftrag, die Deutschen aufzuhalten, Minsk zu verteidigen und an der Beresina eine neue Verteidigung aufzubauen.

46

In den letzten Junitagen des Jahres 1941 stieß die Heeresgruppe Nord aus Ostpreußen durch das Baltikum zur Düna vor. Nur Libau verteidigte sich stärker. Im Süden ging die Heeresgruppe Süd über Lemberg in Richtung Kiew, die schnellen Verbände der Panzergruppe 1 des Generalobersten Ewald von Kleist immer voran. Drei deutsche Luftflotten unterstützten die Heeresverbände mit zirka 2.000 Maschinen, mit Jagdflugzeugen, Bombern und Aufklärern. Ihre Sturzkampfflugzeuge griffen mit heulenden Sirenen russische Truppen, Brücken, Verkehrsadern, Industrieanlagen, militärisch relevante Ziele in Städten und Dörfern an. Wer konnte, wer wollte den Deutschen Paroli bieten?

Andrej Jeremenko

Genau wie 1812 – als Napoleon in Rußland marschierte und die Soldaten der Grande Armée sich die Füße wundliefen – mühten sich 129 Jahre später die Infanteriedivisionen der deutschen Wehrmacht ab, im Fußmarsch den vorausbrausenden Panzer- und motorisierten Verbänden zu folgen.

Die Hauptkräfte der Großen Armee Napoleons waren einst von Wilna über Swenzjany direkt nach Osten gezogen. Ziel war Witebsk, auf der Landbrücke zwischen Düna und Dnjepr. Die Panzergruppe 3 der Heeresgruppe Mitte stieß 1941 südlicher davon vor, und erst als sie das Quellgebiet der Beresina erreicht hatte, wandte sie sich gegen Witebsk. Sie bildete gleichzeitig den nördlichen Zangenarm um den Bialystoker Kessel, in dem die 10. Sowjet-Armee eingeschlossen wurde.

Den südlichen Zangenarm bildete die Panzergruppe 2 unter dem Befehl von Generaloberst Heinz Guderian. Die Infanteriedivisionen der 9. und 4. Armee schlossen auf, um den Kessel auszuräumen. Nachdem sie die Panzer- und motorisierten Verbände der Panzergruppen abgelöst hatten, stießen diese weiter nach Weißrußland hinein.

Die Panzergruppe 2 konnte nun die beiden Hauptstraßen Brest–Minsk–Smolensk und Brest–Sluzk–Bobruisk–Roslawl benutzen. Beide endeten in Moskau. Auf beiden Straßen rollten Tausende Fahrzeuge der Panzergruppe 2 nach Osten: Panzer, Nachschub- und Versorgungsfahrzeuge, Pkw, Lkw, Schützenpanzerwagen und Kräder der Stäbe, schwere Bauwagen der Nachrichtentruppe und Pontonfahrzeuge der Pioniere. Gute Organisation sorgte für schnelles Vorankommen.

Nördlich davon fuhr Generaloberst Hermann Hoths Panzergruppe 3, seine Panzerdivisionen rasselten nach Weißrußland hinein. Bei Slonim schlossen die 18. Infanteriedivision (ID) mot. und die 19. Panzerdivision (PD) den Kessel von Bialystok und hielten ihn zu, bis die Infanterie der 9. Armee herangeeilt war. Dann fuhren Hoths schnelle Truppen nach Nordosten Richtung Witebsk.

Im Kriegstagebuch (KTB) des Oberkommandos der Wehrmacht (OKW) lesen wir unter dem 26. Juni 1941: „Bei der Heeresgruppe Mitte wird die Einschließung der Feindkräfte im Raum Bialystok fortgesetzt. Die Panzergruppe 2 stößt auf Sluzk vor. Die vordersten Teile der Panzergruppe 3 stehen hart nordwestlich von Minsk. Für den nächsten Tag ist das Vortreiben der Panzergruppe 2 mit Masse auf Minsk, mit Teilen auf Bobruisk vorgesehen. […] Der Heeresgruppe Nord gelingt es, mit der 8. Panzerdivision Dünaburg und die dortigen Düna-Brücken unversehrt zu nehmen." – Am gleichen Tage eroberte die Heeresgruppe Süd mit der Panzergruppe 1 nach heftigen Kämpfen Dubno und Luzk. Der weitere Vormarsch auf Schitomir blieb liegen.

Der günstige Verlauf des Feldzuges in den ersten Tagen veranlaßte Hitler zu neuen Überlegungen. Während der Oberbefehlshaber des Heeres, Generalfeldmarschall Walther von Brauchitsch, und sein Generalstabschef, Generaloberst Franz Halder, sowie die Befehlshaber der Heeresgruppe Mitte, der Armeen und Panzergruppen Moskau als vordringlichstes Ziel anvisierten und dafür eintraten, sah das Hitler ganz anders. Seine Überlegungen kommen in den Anlagen zum KTB des OKW zum Ausdruck. Unter dem Datum 26. Juni 1941 und der Bezeichnung „Sonderakte" heißt es: „Nachdem die Lage bei der Heeresgruppe Mitte günstig fortschreitet und mit Einkesselung der starken Feindkräfte im Bogen von Bialystok zu rechnen ist, will Führer

Oben: Deutsche Panzer beim Vormarsch in der ukrainischen Steppe

Unten: General Heinz Guderian (links), General Hermann Hoth (rechts)

nunmehr bald eine Schwerpunktbildung zur Heeresgruppe Süd einleiten, deren Panzer-Stoßkeil durch konzentrischen Anmarsch bzw. Abtransport neuer Feindkräfte in Schwierigkeiten kommen wird. In erster Linie will Führer Verstärkung auf dem Luftgebiet, um feindliche Transporte zu verhindern."

In der Sonderakte zum 27. Juni heißt es: „Die überraschend schnelle Wegnahme von Dünaburg wirft die Frage der Fortführung der Operationen bei der Heeresgruppe Nord auf (Einschwenken nach Norden oder Vorbeistoßen auf Moskau?). Führer stellt den Gesichtspunkt heraus, daß es nicht darauf ankomme, die feindliche Hauptstadt, sondern die feindlichen Kräfte zu treffen."

Am 28. Juni nahm die Panzergruppe 3 mit der 20. PD von Nordwesten her Minsk ein. Von Süden kam die 17. PD der Panzergruppe 2 dazu. Damit war der Bialystoker Kessel ein zweites Mal abgeschlossen. Der Kessel „wanderte". Durch die großen Waldgebiete sickerten immer wieder Reste der 10. Sowjet-Armee nach Osten durch.

Indessen bemühte sich die russische „West-Front", eine neue Verteidigungslinie an der Beresina aufzubauen, an jenem Fluß, der der Armee Napoleons im November 1812 zum Verhängnis geworden war. Der Befehlshaber der „West-Front" setzte alles ein, was er zur Verfügung hatte. Auf die Jeremenko-Linie setzten die Russen große Hoffnungen, doch die Deutschen waren herangerückt, ehe sie fertig war und durchgehend besetzt werden konnte.

Am 29. Juni war die 18. PD bis in den Raum südlich Minsk aufgeschlossen. Ihr Kommandeur, Generalmajor Walter Nehring, erhielt von Guderian den Befehl, am nächsten Tag auf Borissow vorzustoßen und dort einen Brückenkopf über die Beresina zu bilden. Nehrings Verbände fuhren an und erreichten die Rollbahn, die über Smolensk nach Moskau führt, aber der heftige Widerstand der Russen ermöglichte die Brückenkopfbildung erst am 1. Juli.

Am 2. Juli gingen 130 Kilometer südlich von Borissow die 3. und 4. Panzerdivision des XXIV. Panzerkorps unter General Leo Geyr von Schweppenburg über die Beresina.

Bereits als die Beresina noch nicht bezwungen war, erteilte am 29. Juni das Oberkommando des Heeres (OKH, das im Osten die deutschen Heeresgruppen führte) der Heeresgruppe Mitte neue

Der Oberbefehlshaber des Heeres Generalfeldmarschall Walther v. Brauchitsch (oben links), der Chef des Generalstabes General Franz Halder (oben rechts), die Generale Walter Nehring (unten links) und Leo Geyr v. Schweppenburg

Aufträge. Ziel war, „[…] sich möglichst bald in den Besitz der Dnjepr-Übergänge bei Rogatschew und Mogilew zu setzen".

Unter dem 30. Juni 1941 vermerkt das KTB des OKW: „OKH weist die Heeresgruppe Mitte durch Fernschreiben auf die für die Fortsetzung der Operation in Richtung Smolensk entscheidende Bedeutung hin, daß zunächst so rasch wie möglich die Übergänge über den Dnjepr bei Rogatschew, Mogilew und Orscha sowie die Übergänge über die Düna bei Witebsk und Polozk mit kampfkräftigen Teilen in Besitz genommen werden."

Und auch die Landbrücke zwischen Düna und Dnjepr erhielt große Bedeutung – wie schon 1812. Hier war Hoths Panzergruppe 3 eingesetzt. Am 2. Juli vermerkt das KTB des OKW dazu: „Die Heeresgruppe Mitte bereinigt weiterhin Feindkessel im Raum Nowogrodek und bereitet das für den 3. Juli befohlene weitere Antreten der Panzergruppen 2 und 3 vor. Der Eindruck, daß der Gegner neue Kräfte zum Aufbau einer neuen Verteidigungsfront am Dnjepr und an der Düna sowie der Landbrücke zwischen beiden Flüssen heranführt, bestätigt sich weiterhin."

Am 3. Juli 1941 vertraute Generaloberst Halder seinem Tagebuch an: „Jetzt ist als sicher anzunehmen, daß der Feind im Bialystoker Bogen bis auf ganz geringfügige Trümmer erledigt ist. Vor der Front der Heeresgruppe Nord wird man zwölf bis 15 Divisionen als völlig aufgerieben ansehen müssen – und vor der Heeresgruppe Süd ist der Feind durch die ständigen harten Schläge zerhackt und zum größten Teil zerschlagen. Im ganzen kann man also jetzt schon sagen, daß der Auftrag, die Masse des russischen Heeres vorwärts Düna und Dnjepr zu zerschlagen, erfüllt ist. Es ist wohl nicht zu viel gesagt, wenn ich behaupte, daß der Feldzug gegen Rußland innerhalb vierzehn Tagen gewonnen wurde. Natürlich ist er damit noch nicht beendet. Die Weite des Raumes und die Hartnäckigkeit des mit allen Mitteln geführten Widerstandes werden unsere Kräfte noch viele Wochen beanspruchen."

Elf Tage lang stand Deutschland im Kampf gegen die Sowjetunion, und der kühl abwägende Halder wähnte „die Schlacht als geschlagen". Es sah so aus, und viele deutsche Soldaten glaubten das. Doch indessen verstärkte sich der russische Widerstand besonders vor Smolensk an der Straße nach Moskau.

Am 3. Juli sollten die Panzergruppen der Heeresgruppe Mitte wieder antreten. Das geschah nur teilweise, weil die Infanterieverbände noch nicht heran waren, um die immer tiefer werdenden Flanken zu decken. Um eine straffere Führung der Panzergruppen 2 und 3 zu erhalten, wurden diese unter dem Armeeoberkommando (AOK) 4 zusammengefaßt. Die Führung der Infanterieverbände der 4. Armee übernahm das herangeführte AOK 2.

Unter dem 5. Juli 1941 lesen wir im KTB des OKW: „Bei der Heeresgruppe Mitte kämpfen die Panzergruppen 2 und 3 weiter um die Übergänge über den Dnjepr und die obere Düna. Der Gegner versucht hier, in hartnäckigem Widerstand das weitere Vorgehen zu verhindern und die gebildeten Brückenköpfe durch Gegenangriffe mit Panzerunterstützung wieder einzudrücken. Die 2. und 9. Armee bereinigen weiterhin das rückwärtige Gebiet und den Kessel von Nowogrodek (Minsk) und sollen durch Vortreiben von Kräften die bei Minsk noch gebundenen Teile der Panzergruppen 2 und 3 ablösen sowie baldmöglichst kampfkräftige Verbände hinter den Panzergruppen folgen lassen."

Am 9. Juli waren die Kessel von Bialystok und Minsk ausgeräumt. Im deutschen Rundfunk ertönten Siegesfanfaren. 324.000 Gefangene und eine gewaltige Material- und Waffenbeute wurden gemacht. Die Infanterieverbände konnten nun den weit vorgestoßenen Panzer- und motorisierten Verbänden folgen.

Inzwischen hatten die Russen alles daran gesetzt, die Verteidigung zwischen Düna und Dnjepr zu organisieren. Wichtigste Verteidigungspfeiler waren Smolensk und Witebsk. Es nutzte nichts. Bereits am 8. Juli standen die Spitzen der Panzergruppe 3 auf dem Höhengelände vor Witebsk, auf jenen Höhen, wo einst Napoleon sein zweites Austerlitz schlagen wollte.

Am 9. Juli kämpften Hoths 7. und 20. PD um Witebsk. Einen Tag später fiel die Stadt vollständig in deutsche Hände. Hoths Panzer jagten weiter nach Osten, um in den Rücken von Smolensk zu kommen, das Guderian von Südwesten her erobern wollte.

Smolensk war eine alte Stadt mit einer Festung, die schon Napoleon auf dem Wege nach Moskau Paroli geboten hatte. Am 10. und 11. Juli bezwang die Panzergruppe 2 gleich an drei Stellen – bei Kopys, Schklow und Stary Bychow – den Dnjepr. Die verteidigungsbereiten Städte Orscha und Mogilew wurden umgangen und den nachfolgenden Infanteriedivisionen überlassen.

Am 15. Juli drang die 29. ID mot. (Panzergruppe 2) von Südwesten her in Smolensk ein. Stadt und Festung fielen nach hartem Kampf. Guderian ließ weitere Verbände aufschließen. In den Abendstunden des gleichen Tages erreichten von Nordwesten her Hoths Panzerspitzen den Raum ostwärts Smolensk und durchschnitten die Straßen- und Eisenbahnverbindung nach Moskau. Im neuen Kessel westlich von Smolensk saßen 15 Sowjet-Divisionen fest.

Smolensk fiel, obwohl es bis zum Äußersten verteidigt werden sollte. Smolensk war ein Symbol der Russen. Es galt als Außentor von Moskau. Am 17. und 18. August 1812 hatte hier die Große Armee Napoleons gekämpft und den Weitermarsch erzwungen, am 16. und 17. November erhielt sie beim Rückzug hier ihren Todesstoß.

Wieder waren die Panzerverbände der Heeresgruppe Mitte weit vorgestoßen. Die langen Flanken waren offen. Das erkannten die Russen und führten dorthin neue Truppen heran. In Guderians Südflanke eroberten sie Rogatschew zurück, aber „es besteht jedoch der Eindruck, daß diese Kräfte für einen Stoß in die Tiefe nicht ausreichen" (KTB des OKW vom 16.7.1941). Und auch im Raum nördlich von Wjasma zogen die Sowjets neue Kräfte zusammen.

Indessen war die Heeresgruppe Süd unter Generalfeldmarschall Gerd von Rundstedt mit der Panzergruppe 1 des Generalobersten von Kleist an der Spitze über Lemberg, Tarnopol und Schitomir in Richtung Kiew vorgestoßen. Bei Berditschew und Korosten – an der Stalin-Linie, einer stark ausgebauten, aber jetzt unbesetzten und entwaffneten Verteidigungsstellung entlang der alten polnisch-russischen Grenze – gab es schwere Kämpfe, aber keinen längeren Halt. Am 16. Juli standen die Spitzen der Panzergruppe 1 bei Bjelaja Zerkow. Bis zum Dnjepr waren es noch 50 Kilometer. Aber auch von Kleist hatte offene Flanken und mußte auf die in Eilmärschen heranhetzenden Infanterieverbände warten. Dann stieß die Panzergruppe Kleist, deren Fahrzeuge als Erkennungssymbol das weiße „K" trugen, westlich des Dnjepr nach Südosten; Krementschug und Dnjepropetrowsk waren die neuen Ziele. Das war der Ansatz zu einem neuen Kessel im großen Dnjeprbogen.

Um die gleiche Zeit hatte die Heeresgruppe Nord unter Generalfeldmarschall Wilhelm Ritter von Leeb Litauen und Lettland durchschritten und stand in Estland. Ihr Ziel war Leningrad. Am

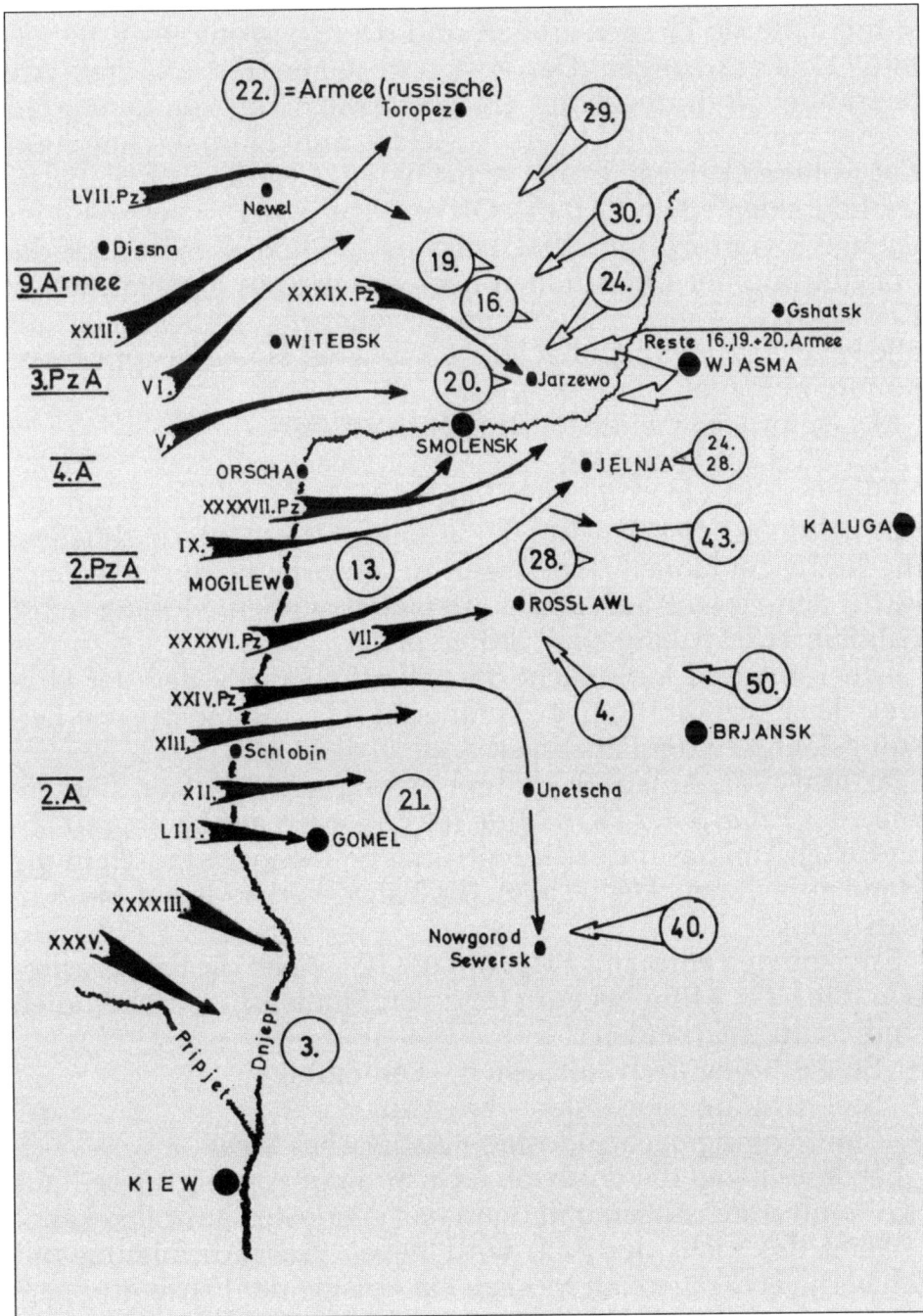

Kartenskizze 4: Bewegungen der Armee-/Panzerkorps der Heeresgruppe Mitte von Juli bis Anfang September 1941

9. Juli hatte sie Pleskau erobert und den Übergang über die untere Düna erzwungen. Der Weg nach Leningrad war frei. Wie begründet Hoffnungen auf einen schnellen Fall von Leningrad waren – und wie sehr Hitlers Ansichten zum Nordabschnitt und der weiteren Kriegsführung schwankten –, verdeutlichen die als „Sonderakten" dem KTB des OKW beigefügten Anlagen. In der Anlage 8 vom 29. Juni 1941 heißt es: „Führer spricht über die Fortführung der Operationen nach Erledigung des Bialystoker Kessels bzw. seiner ostwärtigen Erweiterung. Neben einer auf alle Fälle vorzunehmenden Verstärkung der Heeresgruppe Nord kommt in Frage

  a)   sofortiger Weiterstoß auf Moskau oder
  b)   Stoß auf Leningrad.

Führer neigt vorläufig zum Eindrehen auf Leningrad, um damit baldmöglichst den Russen aus der Ostsee auszuschließen, die Kräfte der Finnen zum Tragen zu bringen und die linke Flanke für den Vorstoß auf Moskau freizubekommen. Moskau selbst will Führer frühzeitig bombardieren.

General Alfred Jodl macht darauf aufmerksam, daß der Umweg der Panzerkräfte über Leningrad u.U. die motorische Leistungsfähigkeit der Panzerverbände übersteigt."

30. Juni 1941, Anlage 9: „Führer erwägt nach wie vor, stärkere Teile der PzGr. 3 der HGr. Mitte nach Norden auf Leningrad abzudrehen, um das Industriezentrum von Leningrad rasch in die Hand zu nehmen. Dann sollen die Panzerverbände auf Moskau vorstoßen."

Erwägungen am 3. Juli 1941, Anlage 10: „Wenn die Panzergruppen der HGr. Mitte bis auf Höhe von Smolensk vorgekommen sind, ist zu entscheiden

• Stoßrichtung nach Nordosten – Leningrad;
• Stoßrichtung nach Osten – Moskau;
• Stoßrichtung nach Südosten – Asowsches Meer.

Letzteres hängt davon ab, ob HGr. Süd mit Panzergruppe 1 auf Schitomir durchstoßen und dann nach Südosten aufrollen kann.

Wenn das nicht der Fall, wird neben einer Verfolgung mit schwächeren Kräften auf Moskau ein Vorstoß der Panzergruppe 2 nach Südosten dem Vernichtungsgedanken am besten entsprechen. Zwar sind östliche Zuflüsse des Dnjepr zu überschreiten, aber [mögliche] Einkesselung des Feindes [ist] einzuleiten.

Der OB der HGr. Nord Wilhelm v. Leeb (oben links), OB der HGr. Süd Gerd v. Rundstedt (oben rechts), der Befehlshaber der PzGr. 1 Ewald v. Kleist (unten links) und der Chef des Wehrmachtführungsstabes Alfred Jodl (unten rechts)

Fraglich, ob Panzergruppen eine so weitreichende Operation durchführen können (Smolensk–Charkow 744 Kilometer, Smolensk–Asowsches Meer 1.150 Kilometer)."

Das Hickhack zwischen Hitler und dem OKH ging noch lange weiter. Leningrad, Moskau, Asowsches Meer – was zuerst? Das OKH und die hohen Militärs der Heeresgruppe Mitte wollten nach Moskau. Hitler konnte sich zunächst zu keinem endgültigen Entschluß durchringen und ließ die Entscheidung in der Schwebe. Scheute er Moskau? Dachte er zu sehr an Napoleon? Leningrad als vorläufiges Hauptziel der Operationen hatte etwas für sich: die Vereinigung mit den finnischen Truppen, die Freiheit auf der linken Flanke, die Ausschaltung der sowjetischen Baltischen Flotte, Gewinnung der Ostsee als ungefährdeter Nachschubweg mit dem Endhafen Leningrad, eine Verkürzung der Frontlinie und dadurch Freiwerden von Truppen zur Offensive auf Moskau.

Zuerst Kiew

Das XXXXVI. Armeekorps mot. (da später in Panzerkorps umbenannt, wird im folgenden die neue Bezeichnung verwendet) unter General Heinrich von Vietinghoff hatte die Beresina bei Beresino und den Dnjepr bei Mogilew überwunden. Danach wurden die beiden Divisionen, die 10. Panzerdivision und die SS-Division (mot.) „Reich", bereits auf den nächsten Flußabschnitt an der Desna angesetzt mit dem Auftrag, Brückenköpfe zu bilden.

Links daneben stieß das XXXXVII. Panzerkorps auf Smolensk vor und eroberte die Stadt am 16. Juli. Das XXXXVI. Panzerkorps hatte den Auftrag, den Raum Gorki zu erreichen. „Weiteres Vorgehen auf Jelnja und Dorogobusch vorgesehen!" verzeichnete der Korpsbefehl.

Während die 10. Panzerdivision unter General Ferdinand Schaal am 19. Juli Jelnja nach erbitterten, verlustreichen Kämpfen nahm, war die SS-Division „Reich" unter SS-Gruppenführer und Generalleutnant der Waffen-SS Paul Hausser nördlich davon bis hart westlich von Dorogobusch vorangekommen und blieb dort vor starkem Widerstand liegen. Regengüsse machten die Straßen, die bessere Feldwege waren, grundlos. Aufklärung ergab, daß der Uscha–Desna-Abschnitt ausgebaut und stark besetzt war (Jeremenko-Linie). Feindliche Gegenangriffe setzten ein und erfaßten in zunehmendem Maße den gesamten Jelnja-Abschnitt, der wie ein Balkon in Feindesland hineinragte. Die Sperrung der Rollbahn Smolensk–Moskau bei Dorogobusch gelang im ersten Ansturm nicht. Die Division „Reich" mußte zurückgenommen und bei Jelnja eingesetzt werden.

Die Höhen von Jelnja wurden von den Russen hartnäckig verteidigt. Die Deutschen mußten diese Barriere aufbrechen, wenn sie nach Moskau wollten. Durch den Feuerofen Jelnja gingen in den nächsten Tagen und Wochen zehn Großverbände Guderians und des aufschließenden IX. Armeekorps. Auf Jelnjas Höhen war es, wo am 13. November 1812 die französische Brigade Baragney d'Hilliers von den Russen vernichtend geschlagen wurde. Nur Reste der Brigade, die Napoleons Rückzug nach Süden abdeckte, erreichten damals Smolensk.

Nun meldete die deutsche Luftaufklärung das Heranführen von starken Feindkräften in den Raum Dorogobusch–Jelnja. Das XXXXVI. Panzerkorps zog daraus seine Schlüsse und setzte die SS-Division „Reich" auf den Höhen von Jelnja links neben der 10. Panzerdivision ein.

Am 22. Juli griff die SS-Division das gut befestigte Höhengelände ostwärts von Jelnja an. Es kam zu erbitterten Kämpfen. Mühevoll wurde eine Höhe nach der anderen den Russen entrissen. Die Verluste waren auf beiden Seiten hoch. Die SS-Division verstärkte mit den letzten Reserven die erreichte Linie und wehrte einsetzende Gegenangriffe ab. Mit noch schwungvolleren Attacken war zu rechnen. Die Hauptkampflinie (HKL) war praktisch nur stützpunktartig besetzt. Die Frontlänge der SS-Division betrug 38 Kilometer.

Jeremenko bot alles auf, um den Balkon von Jelnja einzudrücken. Er trieb die Reste der 16. und 20. Armee, die aus dem Minsker Kessel entkommen waren, zum Gegenangriff vor. Dazu führte er frische Verbände der 20. und 28. Armee sowie einer Angriffsgruppe unter dem Kommando des späteren Marschalls Konstantin Rokossowskij, die dazu neu gebildet wurde, heran.

Am 24. Juli setzten heftigste Gegenangriffe ein. Die SS-Division „Reich" und die 10. PD hielten. Am 25. Juli ein Höhepunkt: Artilleriefeuer wie in den Materialschlachten des Ersten Weltkriegs ging auf die deutschen Stellungen nieder. Dazu kamen Panzer neuester Bauart zum Einsatz: T 34. Im KTB des OKW ist das so festgehalten: „Die stärksten feindlichen Angriffe richteten sich gegen das Gebiet um Jelnja. Es besteht der Eindruck, daß der Gegner hier einen Durchbruch durch die im Ausbau befindliche neue Verteidigungslinie unbedingt verhindern will und hierzu die Masse seiner Kräfte gegen den Südflügel der Panzergruppe 2 zusammenfaßt. Die Panzergruppe 2 ist durch diese Angriffe so gebunden, daß sie den Angriff auf Dorogobusch nicht durchführen kann."

SS-Gruppenführer Paul Hausser (links) und General Konstantin Rokossowskij (rechts)

Hinter der knappen, nüchternen Aussage des KTB standen erbitterter Kampf und menschliche Tragödien. An jenem 25. Juli 1941 lag ganz am linken Flügel der SS-Division „Reich" die Gruppe Förster vom Kradschützen-Bataillon. Den Flankenbogen berannten die Russen besonders heftig. Immer wieder wurden die Rotarmisten von ihren Offizieren und Kommissaren vorgetrieben. Die Gruppe Förster hielt buchstäblich bis zur letzten Patrone, bis zur letzten Handgranate. Sie hielt die Stellung – und fiel. Rund um die Stellung, in Handgranatenwurfweite, lag ein Wall von toten Russen. Die Gruppe Förster wurde in einem Korps-Tagesbefehl lobend als Beispiel für Standhaftigkeit und Tapferkeit herausgestellt und die Männer im Ehrenblatt des deutschen Heeres genannt. Es gab viele Försters, doch von vielen wurden die Taten nicht bekannt, weil sie gefallen sind.

Am 26. Juli gelang es der Panzergruppe 3 von Norden her, die Rollbahn Smolensk–Moskau bei Jarzewo zu erreichen und damit die Verbindung mit der Panzergruppe 2 herzustellen.

Einen Tag später erfolgten schwere Angriffe der deutschen Luftwaffe auf die russischen Stellungen im Jelnjabogen und brachten der Division „Reich" und der 10. Panzerdivision etwas Luft.

Am 27. Juli „[…] wird die für die Fortführung der Operationen vorgesehene neue Zusammenfassung der Verbände sowie die entsprechende Befehlsübernahme eingeleitet", verzeichnet das KTB des OKW. Das bedeutete, daß das AOK 4 seine Armeekorps wieder übernahm und die Panzergruppen 2 und 3, Guderian und Hoth, wieder selbständig wurden. Sie waren nur kurze Zeit zusammengefaßt und vom AOK 4 geführt worden. Das AOK 2 übernahm die Führung von aufgeschlossenen Verbänden am Südflügel der Heeresgruppe Mitte.

Bereits Ende Juli erhärtete sich durch Gefangenenaussagen und Luftaufklärung, daß die Sowjets zahlreiche neu aufgestellte Verbände aus dem Raum Moskau auf Brjansk und auf Wjasma nach vorne führten. Die Heeresgruppe Mitte mußte damit rechnen, auf dem Wege nach Moskau auf verbissenen Widerstand zu treffen.

Gleichzeitig mit der Panzergruppe 2 war die Panzergruppe 3 mit „Scheuklappen" nördlich an Smolensk vorbeigestoßen. Ohne Rücksicht auf offene Flanken ließ Hoth seine motorisierten und Panzerdivisionen bis zum Wop vorstoßen. Dort mußten sie halten, um die Infanterie aufschließen zu lassen.

Zur gleichen Zeit hatten Guderians XXIV. Panzerkorps und das bei Smolensk abgelöste XXXXVII. Panzerkorps bei Roslawl einen neuen Kessel gebildet, der bis zum 3. August ausgeräumt wurde und 38.000 Gefangene und umfangreiches Kriegsmaterial einbrachte.

Der Jelnja-Balkon blieb nach wie vor hart umkämpft. Die 16. und 20. Sowjet-Armee, die Smolensk zurückerobern sollten, wurden wiederholt massiv angegriffen. Bis zum 5. August wurden mehrere eingekesselte russische Verbände vernichtet. Insgesamt brachten die Kessel von Bialystok und Smolensk über 300.000 Gefangene.

Am 8. und 9. August 1941 wurde das XXXXVI. Panzerkorps im Jelnjabogen von dem zu ihm aufgeschlossenen IX. Armeekorps abgelöst und nach Süden verschoben. Der Jelnjabogen kam aber nicht zur Ruhe. Ende Juli 1941 wurde Armeegeneral Georgij Schukow von Stalin mit der Beseitigung des Jelnja-Brückenkopfes der Deutschen beauftragt. Schukow begab sich ins Hauptquartier der „Reserve-Front", das sich in Gschatsk befand. Schukow schreibt dazu in seinem Buch *Erinnerungen und Gedanken*: „Die Kräfte der 24. Armee genügten nicht für einen Gegenangriff. Wir berechneten, was dazu nötig wäre und berieten uns mit den Kommandeuren und Chefs der Waffengattungen und gelangten zu der Auffassung, daß die Generaloffensive frühestens in der zweiten Augusthälfte begonnen werden könnte. Mitte August besaßen wir genaue Angaben über den Gegner und seinen Feuer- und Stellungsplan." Schukow berichtet dann von Gefangenenverhören und erwähnt dabei den Kriegsgefangenen Mittermann von der SS-Division „Reich". „Zum Schluß des Verhörs sagte Mittermann noch aus, daß der Kommandeurbestand der SS-Division bis hinab zu den Regimentskommandeuren angesichts der Verluste […] der letzten Wochen bei Jelnja ausgewechselt worden sei. Viele Informationen ermöglichten es uns, einen detaillierten Plan für Artilleriefeuer und Luftangriffe aufzustellen und den Truppen konkrete Aufgaben zu übertragen. Der Hauptschlag der 24. Armee begann im letzten Drittel des Monats August. Auf beiden Seiten wurde erbittert gekämpft. […] Besonders tapfer schlugen sich unsere 19., 100. und 107. Division. […] Das Feld war mit Toten, schweren Waffen und Panzern des Feindes übersät." Aber die deutsche Front hält. Drei russische Divisionen verbluten allein im Nordabschnitt vor Jelnja. Natürlich hebt Schukow den tapferen Einsatz der russischen Verbände hervor, betont angebliche Verluste des Gegners und verschweigt die eigenen. Alles andere wäre auch verwunderlich. Aber er irrt, wenn er den Eindruck erweckt, daß die Gegner bei Jelnja eine SS-Division und eine Panzerdivision waren – die standen zu der Zeit bereits im Raum nordostwärts von Kiew. Durch den Feuersturm von Jelnja gingen im August die Divisionen des IX. und XX. Armeekorps – das motorisierte Infanterieregiment „Großdeutschland", sowie die 15., 78., 87., 137., 263., 268. und 292. Infanteriedivision.

Die Gedanken, Planungen und Anweisungen Hitlers und die oft gegensätzlichen Ansichten des OKH über die Fortführung des Rußlandfeldzuges sind aus den Anlagen zum KTB des OKW ersichtlich. Hitler ließ wirtschaftliche Überlegungen in die Feldzugsplanung einfließen. Die Kornkammern Südrußlands, die Industriegebiete von Leningrad und Charkow, das Donezbecken und sogar das Industriegebiet am Ural beschäftigten ihn immer mehr. Zunehmend griff er direkt in die Kriegsführung im Osten ein, obwohl dafür das OKH zuständig und verantwortlich war. Er rang mit von Brauchitsch und seinem Generalstabschef Halder um klare Entschlüsse. Mit der günstigen Entwicklung bei der Heeresgruppe Süd trat Kiew in den Vordergrund mit Charkow und dem Donezbecken im Hintergrund. Aber von Brauchitsch und Halder, Hoth und Guderian sowie die Befehlshaber der 2., 4. und 9. Armee wollten nach Moskau. Die 2. Armee erhielt schließlich Gomel als Ziel vorgegeben.

Die „Stawka", das sowjetische Oberkommando, hatte sich auf einen direkten Stoß auf Moskau beiderseits der Rollbahn Smolensk–Moskau vorbereitet und dort die Abwehr wesentlich verstärkt. Das beweisen die anhaltenden Kämpfe bei Jelnja und am Wop, wo beide Seiten um bessere Ausgangspositionen rangen.

Hitler wollte nicht nach Moskau – noch nicht. Er wollte – frei nach Clausewitz' Lehrsatz, im Krieg gelte es das gegnerische Militärpotential auszuschalten und nicht Territorium zu besetzen – die sich formierenden sowjetischen Truppen bei Kiew vernichten und gleichzeitig ins kriegswirtschaftlich wichtige Industriegebiet der Ukraine vorstoßen. In der günstigen Lageentwicklung bei der Heeresgruppe Süd, die die „Südwest-Front" Marschall Semjon Budjonnys arg gerupft und bei Kiew, Krementschug und Dnjepropetrowsk den Dnjepr erreicht hatte, sah er die Chance, die „Südwest-Front" bei Kiew einzukesseln. Dieser Kessel brachte eine riesige Ausbeute, aber kostbare Wochen waren verloren, die dann beim Sturm auf Moskau fehlten.

In der Beurteilung der Lage machten OKW und OKH Hitler bereits am 18. August klar, daß „im Norden nur noch acht Wochen und im Süden ein Vierteljahr bis zum Einbruch des Winterwetters zur Verfügung ständen [...] und für eine Weiterführung der Operationen der Heeresgruppe Mitte aus Witterungsgründen nur noch September / Oktober in Betracht kämen."

Darauf erhielten die obersten Führungsstäbe folgende Antwort: „Führer mit Vorschlag des Oberbefehlshabers des Heeres [...] nicht einverstanden. Es kommt gar nicht auf Moskau und die dort versammelten Feindkräfte an. Vordringlich ist vielmehr, die russischen Industriegebiete für eigene Zwecke in die Hand zu bekommen."

Marschall Semjon Budjonny (links) und General Maximilian von Weichs (rechts)

Einen Tag später, am 21. August, antwortete Hitler in einem persönlichen Schreiben von Brauchitsch, worin er seine Ansichten wiederholte und die Krim, Charkow und das Donezbecken als erstrangige Ziele nannte. Sicherlich veranlaßten ihn die Erfolge der Heeresgruppe Süd dazu, zuerst Kiew anzugehen.

Dem kam entgegen, daß der Südflügel der Heeresgruppe Mitte – Guderians Panzergruppe 2 – im Zusammenwirken mit der 2. Armee des Generalobersten Maximilian von Weichs in der zweiten Augusthälfte den Raum Kritschew–Roslawl erobert und in Kesseln 54.000 Gefangene gemacht hatte. Aus diesem Raum wollte Guderian beiderseits der großen Straße Roslawl–Moskau auf die russische Hauptstadt vorstoßen. Nun aber wurde dieser Raum zur Ausgangsbasis für einen Stoß nach Süden, in den Rücken von Kiew. Als Guderian antrat, glaubten Stalin und die „Stawka" an eine Täuschung. Sie glaubten, daß Guderian nur einen Bogen schlagen wollte, um dann auf Brjansk, den südlichen Eckpfeiler der Moskauer Schutzstellung vorzugehen. Dazu meldete ein Agent aus der Schweiz an den Kreml, daß das nächste Ziel der Deutschen Moskau sei.

Am 19. August eroberte die 2. Armee Gomel und schwenkte mit Teilen nach Süden ein. Um die gleiche Zeit stieß die Panzergruppe 2 weiter ostwärts nach Süden vor und gewann am 26. August bei Nowgorod-Sewerskij einen Brückenkopf über die Desna. Weitere Brückenkopfbildungen erfolgten in den nächsten Tagen. Regen und Gegenangriffe brachten dann zunächst eine Zwangspause.

Am 1. September rollte die Panzergruppe 2 gegen sich teilweise formierenden Widerstand weiter nach Süden. Noch immer glaubten Stalin und die „Stawka" an eine Umfassung von Brjansk und verstärkten die Front an der Desna und auch bei Kiew. Am 10. September eroberte die Panzergruppe 2 Romny. Marschall Budjonny erkannte die Gefahr und erbat für seine „Südwest-Front" die Aufgabe von Kiew und die Einnahme einer neuen Verteidigungslinie weiter ostwärts. Stalin lehnte das ab.

Einen Tag später, am 11. September, wurde das XXXXVIII. Panzerkorps der Panzergruppe 1 unter General Werner Kempf in den von der 17. Armee gebildeten Brückenkopf bei Krementschug eingeschoben und stieß von dort in den nächsten Tagen nach Norden. Am 14. September reichten sich die Spitzen der Panzergruppen 1 und 2 bei Lochwiza-Sentscha die Hände. Damit wurde der große Kessel 200 Kilometer ostwärts von Kiew geschlossen.

Am 19. September nahm die 6. Armee Kiew, die Hauptstadt der Ukraine. Am 26. September war die Schlacht von Kiew zu Ende. 665.000 Gefangene und gewaltige Mengen an Kriegsmaterial fielen in deutsche Hände, fünf russische Armeen waren zerschlagen.

Bereits am 24. September 1941 begannen die Umgruppierungen bei allen Armeen der Heeresgruppe Mitte zur „Operation Taifun", der Offensive auf Moskau. Der Heeresgruppe Süd glaubte man, die Krim, Rostow und Charkow allein zumuten zu können, denn die Hauptkräfte im Südabschnitt schienen nach der Kesselschlacht von Kiew vernichtet zu sein.

Am 25. September wurde dann auch der Angriff auf Leningrad abgebrochen; die Stadt sollte nun eingeschlossen und belagert werden – ein Eingeständnis der Schwäche der deutschen Angriffsverbände, die nur noch Kräfte auf ein Ziel zur Zeit konzentrieren konnten. Das an die Panzergruppe 4 abgegebene Panzerkorps kam zur Panzergruppe 3 zurück – mehr noch, die ganze Panzergruppe 4 wurde bei Leningrad abgezogen und zwischen den Panzergruppen 2 und 3 zum Angriff auf Moskau eingeschoben.

Doppelschlacht
Brjansk–Wjasma

Am 26. September 1941 erteilte Hitler dem OKH den Befehl zur Offensive auf Moskau, die von den Generalstäben unter dem Decknamen „Taifun" vorbereitet worden war. Die Aufgabe fiel der Heeresgruppe Mitte des Generalfeldmarschalls Fedor von Bock zu und sollte aus der 750 Kilometer langen Front zwischen Welikije-Luki und Romny anlaufen. Dazu die Angriffsgliederung der Heeresgruppe Mitte von Nord nach Süd: Panzergruppe 3 (Generaloberst Hermann Hoth) in Zusammenarbeit mit der 9. Armee (Generaloberst Adolf Strauß); Panzergruppe 4 (Generaloberst Erich Hoepner) in Zusammenarbeit mit der 4. Armee (Generalfeldmarschall Hans Günther von Kluge); Panzergruppe 2 (Generaloberst Heinz Guderian) in Zusammenarbeit mit der 2. Armee (Generaloberst Maximilian Freiherr von Weichs). Die Luftflotte 2 (Generaloberst Albert Kesselring) unterstützt mit rund 500 Maschinen des II. und VIII. Fliegerkorps die Heeresverbände.

Insgesamt hatte die Heeresgruppe Mitte 78 Großverbände – davon 14 Panzer- und neun motorisierte Divisionen – mit 1,5 Millionen Mann zur Verfügung.

Der Operationsplan „Taifun" sah vor: Durchbruch und Umfassung an den Flügeln der Heeresgruppe Mitte durch schnelle Verbände. Zusammentreffen der Umfassungsarme im Raum Wjasma. Frontales Aufrücken der Infanterieverbände. Vernichtung der russischen Kräfte in den sich bildenden Kesseln. Anschließend Schlußjagd auf Moskau.

Bocks Gegenspieler war Marschall Semjon Timoschenko. Er sollte mit der „Brjansker", der „West-" und der „Reserve-Front" Moskau schützen und gegebenenfalls zurückschlagen. Er hatte

Der OB der HGr. Mitte Fedor v. Bock (oben links), der Befehlshaber der PzGr. 4 Erich Hoepner (oben rechts), der OB der 4. Armee Günther v. Kluge (unten links) und der Chef der Luftflotte 2 Albert Kesselring (unten rechts)

Marschall Semjon Timoschenko

1,2 Millionen Soldaten und zahlreiche Panzer und schwere Waffen zur Verfügung. Unter rücksichtslosem Einsatz von Soldaten und Zivilisten wurde die Front am Oberlauf des Dnjepr, an der Desna sowie an verteidigungsgünstigen Stellen entlang der Rollbahn Smolensk–Moskau ausgebaut. Eine weitere Linie entstand von Kalinin bis Tula, die an Flüsse und Höhenzüge angelehnt war.

Die Russen hatten die deutsche Offensive lange erwartet und waren daher vorbereitet. Nachdem ihr Meisterspion in der deutschen Botschaft in Tokio, Dr. Richard Sorge, ihnen mitteilen konnte, daß die Japaner die russische Ostgrenze nicht bedrohen werden, konnten die Kremlführung ihre Fernost-Armee nach Moskau heranbringen.

Zur Täuschung der Russen begann am Südflügel der Heeresgruppe Mitte die Offensive bereits am 30. September. Für die Russen war nicht erkennbar, ob die Deutschen auf Kursk oder Charkow vorstoßen werden, denn die Heeresgruppe Süd stieß bereits auf das Donezbecken vor.

Am 30. September trat die Panzergruppe 2 mit dem XXIV. Panzerkorps des Generals Geyr von Schweppenburg aus dem Raum Konotop–Romny–Bjelopolje in Richtung Nordwesten an. Links daneben entfaltete sich General Joachim Lemelsens XXXXVII. Panzerkorps. Dahinter folgte General Kempfs XXXXVIII. Panzerkorps. Die russische Front wurde auf Anhieb durchbrochen. Dann versteifte sich zunehmend der Widerstand besonders an der rechten Flanke, und bald darauf folgten sogar Gegenangriffe, die das XXXXVIII. Panzerkorps jedoch abwehrte.

Brjansk und Orel waren stark ausgebaute Bastionen, die Moskau im Süden schützen sollten. Doch bereits am 1. Oktober löste sich die Brjansk schützende 13. Armee unter der Wucht des deutschen Angriffs auf.

Einen Tag später begann das Unternehmen „Taifun" richtig. Unter dem 2. Oktober 1941 vermerkt das KTB des OKW: „HGr. Mitte ist im Morgengrauen mit allen Armeen bei schönem Herbstwetter zur Offensive angetreten. Der anfangs geringe Widerstand versteifte sich im Laufe des Tages."

Am Südflügel der Heeresgruppe bei Guderian lief alles gut. Ganz an der Spitze des XXIV. Panzerkorps kämpfte die 4. Panzerdivision, die bereits am 4. Oktober Orel eroberte.

Das links daneben vorstoßende XXXXVII. Panzerkorps erreichte um die gleiche Zeit die Straße Brjansk–Orel und sperrte sie bei Karatschew. Am 5. Oktober nahm die 18. Panzerdivision Karatschew, einen Tag später die 17. Panzerdivision Brjansk. Gleichzeitig rückte die 2. Armee frontal mit vorgestaffeltem linken Flügel auf Brjansk vor. Südlich Brjansk entstand ein Kessel. Ein zweiter zeichnete sich nördlich Brjansk ab. Die Infanterie der 2. Armee rückte auf, verdichtete den Kessel, und dann begann der zermürbende Kampf der Ausräumung. Generaloberst Jeremenko, der neue Befehlshaber der „Brjansker Front", wurde beim Ausbruch seines Stabes verwundet und ausgeflogen. Seine „Front" saß mit drei Armeen im Kessel und ging der Vernichtung entgegen. Nur wenigen Einheiten gelang der Ausbruch nach Osten. Die deutschen Infanteriedivisionen der 2. Armee zerteilten den Kessel und zerschlugen die russischen Kräfte nacheinander.

Mit der Einnahme von Orel war für die 2. Armee eine neue Weichenstellung verbunden: Die neue Angriffsrichtung lautete Woronesch. Zur Armee trat das XXXXVIII. Panzerkorps. Guderians Panzergruppe 2 wurde am 6. Oktober in 2. Panzerarmee umbenannt, ihr wurden zeitweilig zwei Armeekorps unterstellt.

Am 7. Oktober schlossen die zurückhängenden Teile des XXIV. Panzerkorps in den Raum Orel auf. Das XXXXVII. Panzerkorps erreichte den Raum nördlich Brjansk und trieb Aufklärung nach Norden vor.

Der Südflügel der Heeresgruppe Mitte (2. Panzerarmee und 2. Armee) hatte überraschend schnell seine ersten Ziele erreicht. Nun mußten erst weitere Infanterieverbände aufschließen, um den Brjansker Kessel vollständig auszuräumen.

Ähnlich war die Entwicklung am Nordflügel und im Zentrum der Heeresgruppe Mitte. Hier traten die Stoßverbände am 2. Oktober an, drei Tage nach Guderian.

Während das VI. Armeekorps und das XXXXI. Panzerkorps der Panzergruppe 3 aus dem Raum Welikije Luki–Toropez auf Rschew vorgingen und die Nordflanke der Offensive deckten, stieß das LVI. Panzerkorps nach Südosten über Bely auf Wjasma vor. Die russischen Verteidigungsstellungen wurden schnell durchbrochen. Das LVI. Panzerkorps des Generals Ferdinand Schaal (6. und 7. Panzerdivision) setzte somit die Nordzange um die russische „West-Front" an, die sich beiderseits Jarzewo verteidigte.

Gleichzeitig trat am 2. Oktober die Panzergruppe 4 mit dem XXXXVI. Panzerkorps (von Vietinghoff) aus dem Raum Roslawl an und durchbrach die russische Front südlich von Jelnja. Dahinter folgte das XXXX. Panzerkorps unter General Georg Stumme und verbreitete den Durchbruch. Das LVII. Panzerkorps unter General Adolf-Friedrich Kuntzen versammelte sich im Raum Roslawl. Indessen schuf sich die 9. Armee mehrere Brückenköpfe über den Wop, nordostwärts Smolensk.

Unter dem 3. Oktober 1941 heißt es dazu im KTB des OKW: „4. Armee hat mit Panzergruppe 4 den Feind durchbrochen. Dagegen leistet der Feind an der Straße Roslawl–Moskau und nördlich davon – besonders bei Jelnja – zähen Widerstand." Und unter dem 4. Oktober steht dort: „Panzergruppe 4 überschritt Bahnlinie Jelnja–Suchinitschi und stieß mit rechtem Flügel bis Mosalsk vor. Die Stadt wurde von der 10. Panzerdivision genommen."

Am 5. Oktober brach vor dem XXXX. Panzerkorps der zähe Widerstand zusammen. Die 10. Panzerdivision nahm Juchnow und schwenkte mit Teilen auf Wjasma ein. Links daneben drang das XXXXVI. Panzerkorps in den Rücken der Jelnja-Verteidigung vor und brachte diese zum Einsturz.

Am 7. Oktober trafen die Spitzen der Panzergruppen 3 und 4 in Wjasma zusammen. Die 7. Panzerdivision unter dem Befehl von Oberst Hasso von Manteuffel kam von Norden, die 10. Panzerdivision von Generalmajor Wolfgang Fischer von Süden. Dazu heißt es im KTB des OKW: „4. Armee hat in Zusammenarbeit mit AOK 9 und Luftflotte 2 die Einschließung des Feindes westlich Wjasma und nördlich Dorogobusch gegen örtlichen zähen Widerstand planmäßig fortgesetzt. Der Kessel wurde bei Wjasma geschlossen."

Armeegeneral Schukow war nach Organisierung der Verteidigung bei Jelnja an die Leningrader Front beordert worden. Am

Oberst Hasso von Manteuffel (links) und Marschall Iwan Konjew (rechts)

7. Oktober rief ihn Stalin zurück und erteilte ihm den Auftrag, die Verteidigung vor Moskau zu koordinieren. Über die erste Phase der Operation „Taifun" schreibt Schukow in seinen *Erinnerungen und Gedanken*: „Zu Beginn der Offensive der faschistischen deutschen Truppen in Richtung Moskau verteidigten sich im entfernten Vorgelände der Hauptstadt drei Fronten: die ‚West-Front' unter Generaloberst Iwan Konjew, die ‚Reserve-Front' unter Marschall Budjonny und die ‚Brjansker Front' unter Generalleutnant Jeremenko. [...] Am stärksten ausgerüstet war die ‚West-Front'. [...] Eine kritische Situation war bei Brjansk entstanden, wo der 3. und 13. Armee der ‚Brjansker Front' eine Einkesselung drohte. Ohne auf ernsthaften Widerstand zu stoßen, strebten die Truppen Guderians Orel zu. [...] Die ‚Brjansker Front' war zweigeteilt, [...] ihre Truppen zogen sich kämpfend nach Osten zurück. Auch am Abschnitt Tula sah es bedrohlich aus. – Auf Weisung des Befehlshabers der ‚West-Front', Generaloberst Iwan Konjew, wurde die nördliche Kräftegruppe des Feindes angegriffen, die uns in der Flanke umgehen wollte. Leider blieb dieser Gegen-

schlag erfolglos. Gegen Ende des 6. Oktober befand sich ein bedeutender Teil der Truppen der ‚West-Front' und der ‚Reserve-Front' westlich von Wjasma eingekesselt. […] In der Nacht zum 8. Oktober rief ich Stalin an. Er arbeitete noch. Ich schilderte ihm die Lage an der ‚West-Front' und sagte: ‚Die Hauptgefahr besteht jetzt darin, daß die Linie Moschaisk schlecht abgesichert ist. Die Panzertruppen des Gegners können deshalb überraschend vor Moskau auftauchen. Es gilt, so rasch wie möglich von irgendwoher Truppen an die Moschaisker Verteidigungslinie zu werfen.'"

Nach Schließung des Kessels bei Wjasma begann hier – wie seit Tagen bei Brjansk – der zermürbende, zeitraubende Kampf mit den sechs Armeen der „West-Front". Zug um Zug wurde der Kessel verkleinert, aufgespalten, zerschlagen. Kleinere Verbände brachen durch oder wurden – wie besonders bei Brjansk – zu Partisanen-Einheiten, die aus Wäldern und Verstecken dem deutschen Nachschub schwer zu schaffen machten. Am 9. Oktober 1941 meldete dann der deutsche Wehrmachtbericht: „Von starken Panzerkräften im Rücken angegriffen, haben nunmehr auch im Raume um Brjansk drei Feindarmeen ihre Vernichtung zu erwarten. Zusammen mit den bei Wjasma eingeschlossenen Verbänden hat hier Marschall Timoschenko die letzten voll kampfkräftigen Armeen der Gesamtfront geopfert."

Unter dem 15. Oktober berichtet das KTB des OKW, daß in der Doppelschlacht von Brjansk und Wjasma elf feindliche Armeen vernichtet und 558.825 Gefangene gemacht worden sind sowie zahlreiches Kriegsmaterial erbeutet wurde. „Diese Zahlen werden sich noch steigern." Am 20. Oktober lautete dann die abschließende Meldung: 673.000 Gefangene.

Die Doppelschlacht Wjasma-Brjansk brachte zwar den Sowjets einen weiteren großen Aderlaß an Soldaten, aber sie waren damit keineswegs am Ende, wie man deutscherseits annahm. Für Timoschenko übernahm Armeegeneral Schukow die Verteidigung Moskaus. Er brachte und karrte alles heran, was ein Gewehr tragen konnte. Dazu zählten auch die Fernost-Armee und sibirische Verbände.

Deutscherseits wurden die vorn stehenden Panzer- und motorisierten Verbände von aufschließenden Infanteriedivisionen abgelöst und in neuen Bereitstellungen zusammengefaßt. Die erste Phase des Unternehmens „Taifun" war erfolgreich beendet.

Im ersten Oktoberdrittel hatte das Wetter einigermaßen mitgespielt. Am 7. Oktober vermerkt das KTB des OKW: „Im Südteil nach Schnee und Regen stürmisch. Im Nordteil bedeckt, trocken. Straßen im Südteil schlammig, im Nordteil trocken, ausgefahren." Ein untrügliches Zeichen, daß im Mittelabschnitt der Ostfront die russische „Rasputiza", die Übergangsperiode zwischen Herbst und Winter begann, mit Regen, Schnee und verschlammten Straßen.

1812 – Von Smolensk bis Borodino

Napoleon hatte die Absicht, Smolensk und Witebsk als Winterstellung zu halten. „Smolensk wird mir eine gute Stellung verschaffen", sagte Napoleon zu seinem Großstallmeister Caulaincourt, der ihn vor Rußland, vor der Weite des Raumes und allen damit verbundenen Gefahren warnte. „Ich werde mich verschanzen. Wir werden uns ausruhen; das Land kann unter dieser Deckung organisiert werden. […] Ich werde mich den Korps an der Düna widmen, die nichts leisten, und meine Armee wird für Rußland furchtbarer dastehen, meine Stellung bedrohlicher sein, als wenn ich zwei Schlachten gewonnen hätte. Ich werde mich in Witebsk niederlassen, werde Polen unter die Waffen rufen und werde mich später, wenn es notwendig wird, zwischen Moskau und Petersburg entscheiden." Das waren Napoleons Worte an seinen Großstallmeister, und dieser schrieb sich seine Sorgen von der Seele: „Ich war glücklich, den Kaiser so vernünftig, so vorsichtig gestimmt zu sehen, und zollte ihm Beifall. Sein Geist erschien mir so groß, so erhaben, so weitschauend wie am Tage seines schönsten Sieges. Ich brachte in meiner Antwort zum Ausdruck, daß ein solches Vorgehen ihm den Frieden bringen werde, weil er dadurch mit jedem Schritt stärker werde; es erspare ihm auch das Risiko, sich zu weit vorzuwagen; der Marsch der Russen beweise das zur Genüge, daß sie ihn ins Landesinnere locken, von seinen Stützpunkten abziehen und in ihren Eiswüsten einschließen wollten. Der Kaiser schien meine Betrachtungen durchaus zu billigen, schien fest seinen Entschluß gefaßt zu haben."

Als es dann aber so aussah, daß sich die Russen bei Dorogobusch erneut zur Schlacht stellen wollten, wie ihm Murat meldete, hatte Napoleon diese Vorsätze und Warnungen vergessen. „Von neuem war der Fehdehandschuh hingeworfen – und der Kaiser war nicht der Mann, sich zurückzuziehen", so Caulaincourt weiter. „Der Anblick der Truppen, diese ganze kriegerische Bewegung stiegen ihm zu Kopf. Die verständigen Erwägungen, die man in Smolensk angestellt, sie mußten inmitten dieser Elemente den Verlockungen des Ruhmes weichen."

Das in Kowno und Wilna zurückgebliebene IX. (Reserve-) Korps (Marschall Claude Victor), in dem Berger und Oberberger, Badenser, Hessen und Polen dienten, erhielt den Befehl, nach Smolensk aufzurücken und wenn notwendig die an der Düna zurückgelassenen II. und IV. Korps zu unterstützen, die sich mit Wittgenstein herumschlugen.

Die russische Hauptarmee zog sich immer weiter zurück. Das russische Volk, der Adel und die Soldaten murrten nun immer offener gegen Barclay de Tolly, der nach ihrer Ansicht das Land dem Feinde preisgab. Seit Smolensk versagte ihm das Heer bei seinem Erscheinen das übliche Hurra. Seine Unterfeldherren General Bagration und General August von Benningsen verweigerten ihm den Gehorsam, so daß der Zar eingreifen mußte und den Fürst von Smolensk, General (seit 31. August 1812 Feldmarschall) Michail Kutusow, der das Vertrauen des Volkes und der Kirche besaß, am 29. August 1812 zum Oberbefehlshaber der russischen Truppen bestellte. Auch Kutusow befahl den weiteren Rückzug. Immer wieder täuschte er Napoleon und zwang ihn zu zeitraubenden Aufmärschen – um dann immer wieder fast spurlos zu verschwinden. Das brachte ihm Zeitgewinn, um seinen Plan zu verwirklichen. Kutusow kannte das Gelände. Im bergigen bewaldeten Gebiet bei Borodino beabsichtigte er, die große Schlacht anzunehmen.

Am 29. August 1812 besetzte die Große Armee Wjasma. Am 1. September vertrieb ihre Vorhut unter Murat die Russen aus der kleinen Stadt Gschatsk. Die Große Armee rückte auf.

Über die Hinhaltetaktik der Russen und die Strapazen der Großen Armee, ihnen zu folgen, berichtete Caulaincourt: „Der König von Neapel [Joachim Murat], der die Avantgarde kommandierte, legte oft zehn bis zwölf Meilen täglich zurück. Man war von drei Uhr morgens bis zehn Uhr abends zu Pferde. Da die Sonne dann noch immer in der Nähe des Horizonts stand, vergaß der Kaiser darüber, daß die Tage nur 24 Stunden hatten. Die Karabiniers, die Kürassiere waren mit der Avantgarde vereinigt, um sie zu verstärken. Die Pferde wie die Menschen waren ausgepumpt; man büßte sogar eine große Anzahl von ihnen ein; die Straßen lagen voll von ihnen, aber der Kaiser hoffte täglich, stündlich auf den Feind zu treffen. [...] Es gab keine Gefangenen. Unsere Märsche waren zu schnell, und unsere ermüdete Kavallerie konnte keine Erkundungen vortreiben. Daher war der Kaiser meistens in Unkenntnis, was zwei Meilen von ihm entfernt vorging. [...] Gegen Abend waren unsere Pferde gewöhnlich so matt, daß das geringste Scharmützel uns mehrere Tapfere kostete. [...] Der Fürst von Neuchâtel [Louis-Alexandre Berthier], die Grafen Durosnel [General Antoine Jean Auguste Henri Graf Durosnel], von Lobau [General Georges Mouton Graf von Lobau] und andere Männer der Umgebung des Kaisers wurden nicht müde, ihm diese Zustände zu schildern; immer wieder rieten sie ihm, schonend mit den ihm verbliebenen Mitteln umzugehen, da er doch um jeden Preis eine Schlacht haben oder nach Moskau gehen wollte. Der Kaiser hörte uns dann wohl an; aber da er immer wieder vom morgigen Tage erhoffte, was ihm der gestrige versagt, so ließ er sich wider seinen Willen fortreißen und legte zwölf Meilen zurück, wo er nur fünf beabsichtigt hatte. Er staunte, wie wir alle immer wieder, daß eine Armee (die russische) von 100.000 Mann sich zurückziehen könne, ohne einen einzigen Nachzügler, einen einzigen Trainwagen zurückzulassen."

In Gschatsk erhielt Napoleon Nachrichten, die darauf schließen ließen, daß sich die Russen nun zur Schlacht stellen werden. General Michail Mileradowitsch stieß mit 15.000 Mann zur russischen Hauptarmee, und von Moskau kamen weitere Reserven. „Nach diesen Angaben zweifelte der Kaiser nicht mehr daran, daß der ersehnte Augenblick der Schlacht herannahe. [...] Er blieb den 2. und 3. September über in Gschatsk, um alle Kräfte zusammenzuziehen und der Kavallerie und Artillerie etwas Ruhe zu gewähren", beschrieb Caulaincourt die Maßnahmen Napoleons.

Kutusow stellte sich mit dem russischen Hauptheer zur Schlacht. Er kannte das Gelände und entwarf danach seinen Schlachtplan. An den Flanken durch Wald und die Flüsse Kaluga und Moskwa begrenzt, ließ er das auf einer Höhe liegende Dorf

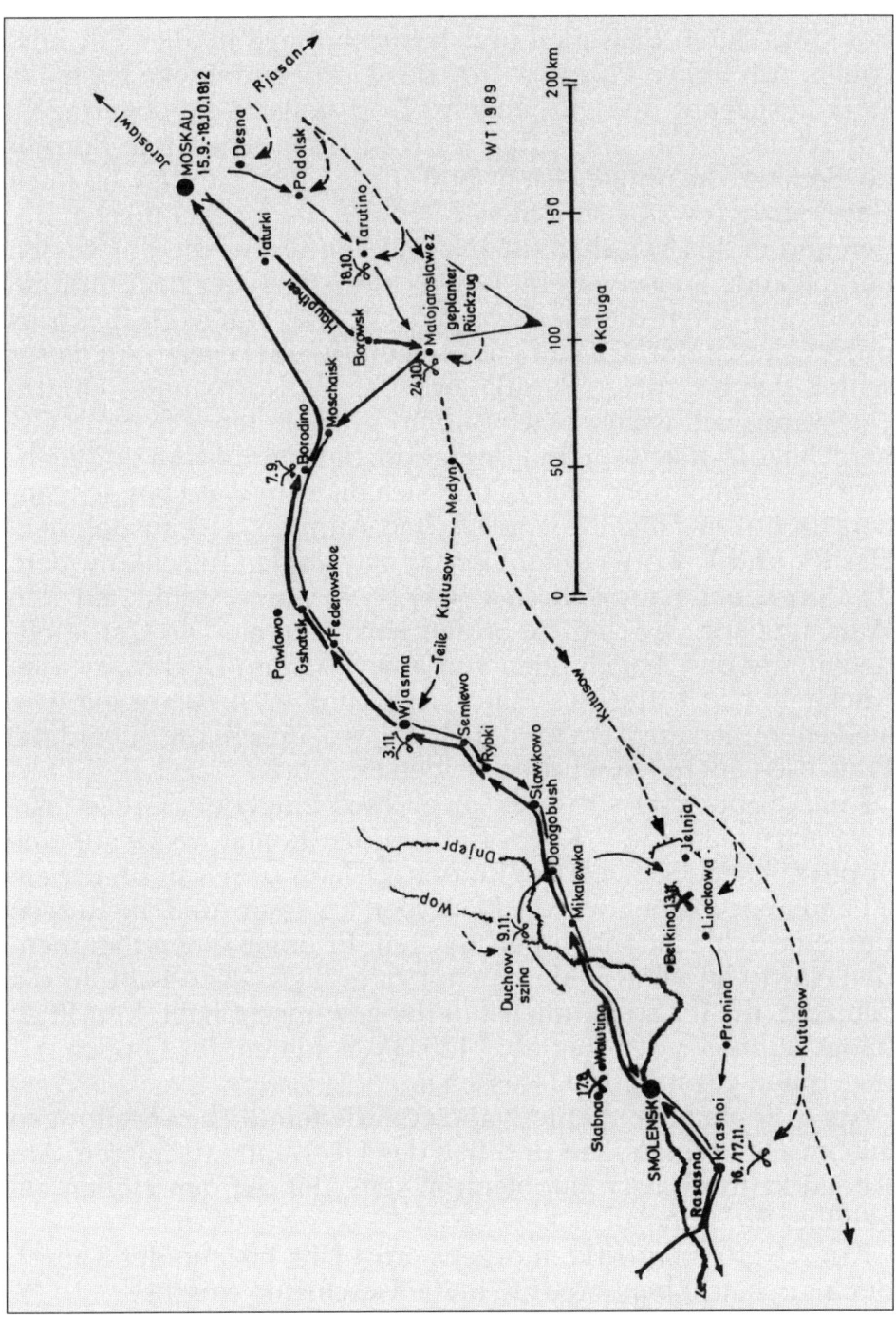

Kartenskizze 5: 1812/13 – Vormarsch auf und Rückzug von Moskau

Borodino durch Palisaden und Feldstellungen in aller Eile ausbauen. Am linken Flügel wurde das Dorf Seminowka ebenfalls stark ausgebaut und ein weiteres Dorf vollständig abgetragen, um Schußfeld für die Artillerie zu schaffen. Die Linie Borodino–Seminowka mußte also frontal angegangen werden. Im Buch *Der Feldzug von 1812* von Steger heißt es dazu: „Auf diesem Boden und in den Verschanzungen und Dörfern waren die Russen auf folgende Weise verteilt: Der rechte Flügel, der bei Borodino stand und durch die Moskwa gedeckt war, war vom II. Korps unter General Karl Gustav von Baggehufwudt besetzt. An dieses schloß sich bis zur großen Batterie das VI. Korps unter Dmitrij Dochturow an, weiter (nach Süden) gruppierten sich dann General Nikolaj Rajewski und Bagration, die Seminowka und mehrere Schanzen besetzt hielten und sich bis zum Wald auf dem äußersten linken Flügel des russischen Aufmarsches ausdehnten. Das III. und V. Korps unter General Alexander Tutschkow, dem die Moskauer Landwehren beigegeben waren, schützten den Wald und die verschanzte Straße nach Kaluga. Die Garde bildete hinter den Abteilungen von Rajewski und Dochturow den Rückhalt. […] Kutusows Plan war, sich überall zu verteidigen, ausgenommen auf dem linken Flügel, wo Tutschkow, sobald die Franzosen angreifen würden, seinerseits vorwärts gehen sollte."

Am 5. September stieß das am rechten Flügel der Großen Armee marschierende V. Korps (Polen unter Poniatowski) auf eine vorgeschobene Schanze der Russen. Es kam zum Kampf, der am Abend abgebrochen wurde. Napoleon erkannte, daß die Russen nun eine Schlacht annehmen wollten. Er erließ einen flammenden Aufruf an seine Soldaten, in dem es hieß: „Jetzt habt Ihr die Schlacht, die Ihr so sehnlichst herbeigewünscht habt. Von Euch hängt nunmehr der Sieg ab!" 120.000 Soldaten der Großen Armee traten gegen 110.000 Russen an.

Am 6. September spähte Napoleon die feindlichen Stellungen aus, machte seinen Plan und ließ das Heer aufmarschieren. Am Abend kehrte Kaiser Napoleon in sein Zelt auf den Höhen gegenüber Borodino zurück.

Am 7. September 1812, morgens um 4 Uhr, begann der Kampf, der als Schlacht bei Borodino in die Geschichte einging.

Auf dem rechten Flügel griff das V. (polnische) Korps an, in der Mitte das I. und III. unter Davoût und Ney, und links attackierte

Oben: Die Schlacht von Borodino

Unten: Kutusow (links) und Napoleon (rechts) beobachten das Kampfgeschehen

das IV. Korps unter Eugène, dem Vizekönig Italiens. Dem I. und III. Korps fiel die schwerste Aufgabe zu, und zwar die starken Feldbefestigungen bei Seminowka aufzubrechen. Danach sollte dann das IV. Korps antreten und Borodino, das auch stark mit Artillerie bestückt war, erobern. Die Reiterei unter Murat sollte an Krisenstellen und sich bildenden Schwerpunkten eingreifen.

„Am 7. September vor Tagesanbruch war der Kaiser an der Redoute [geschlossene Schanze] des rechten Flügels und begab sich mit dem Fürsten von Eckmühl [Davoût], Berthier [Generalstabschef der Großen Armee] und mir", schilderte Caulaincourt den Beginn der Schlacht, „an die Waldspitze, die davor lag. [...] Die Polen, der König von Neapel [Murat] mit seiner Kavallerie, der links von ihnen stand, sowie die Truppen des Fürsten von Eckmühl [I. Korps] kamen vor Tagesanbruch in Bewegung. Ihr Angriff war ungestüm, der Widerstand hartnäckig. Der Fürst Bagration, der ihnen gegenüberstand, wehrte sich tapfer und zähe. Aber unsere Soldaten waren so voller Kampfeseifer, daß nichts sie aufhalten konnte." Der hin- und herwogende Kampf wurde von Steger so beschrieben: „Das französische Geschützfeuer, das zuerst vom Waldsaume her auf die Schanzen niederging, dehnte sich rasch auf die ganze Linie aus. Unter dessen Schutz ging Davoût [I. Korps] mit den Divisionen der Generale Jean-Dominique Compans und Dessay im Walde vor, während gleichzeitig Ney [III. Korps] auf der Fläche vorrückte. Bagration verteidigte sich mit Heldenmut. Compans wurde aus der Schanze, die er genommen hatte, wieder herausgeworfen. Und Ney mußte drei Befestigungen, die er erstürmt hatte, bei Reiterangriffen der Russen wieder räumen. Doch Ney bekam Unterstützung, die seinem Gegner fehlte. Nansouty eilte mit seinen Reitern herbei, warf die russischen Kürassiere zurück und unterstützte so die abermalige Eroberung der Schanzen. [...] Der Hauptplan, der Angriff auf die Schanzen, war gelungen, und Kutusow sah sich ernstlich bedroht. [...] Aber Baggehufwudt war bereits auf dem Weg, um dem bedrohten Punkt zu Hilfe zu eilen. [...] Ney, der diesen frischen Truppen nur bereits ermüdete entgegenstellen konnte, mußte zurückweichen. Ney, der Napoleon um Unterstützung bitten ließ, erhielt diese zunächst nicht, weil Napoleon seine Garden schonen wollte. ‚Achthundert Meilen von Frankreich entfernt riskiert man nicht seine letzte Reserve', lautete der Aus-

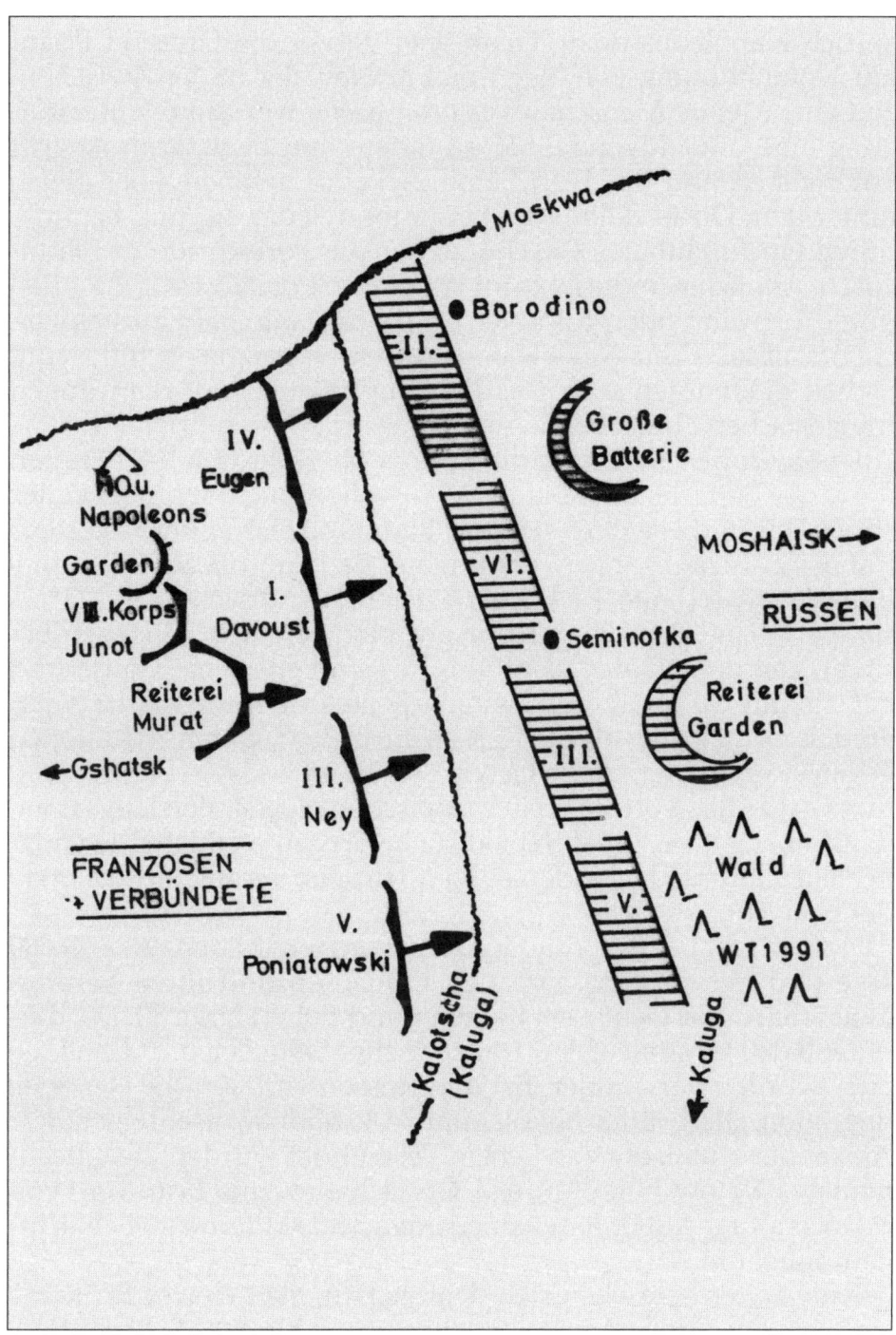

Kartenskizze 6: Die Schlacht bei Borodino

spruch Napoleons dazu. Dann aber gab er die Division Priant zur Unterstützung von Ney frei. Für Ney, der in der Zwischenzeit eine Menge Menschen verloren hatte, war diese Unterstützung eine ungenügende. Sie gestattete ihm zwar, zum Angriff vorzugehen und das Dorf Seminowka zu nehmen, aber gleich hinter dem Dorfe stellte sich Bagration wieder auf und hemmte durch ein furchtbares Geschützfeuer die Fortschritte der Franzosen. Ähnlich war die Lage im Walde, wo Poniatowski [V. Korps] unter fortwährenden Kämpfen bald vordrang, bald zurückweichen mußte. – Seit Neys Kampf durch Napoleons Schuld zum Stehen gekommen war, lag die Entscheidung auf dem linken französischen Flügel bei Eugène [IV. Korps]. Dieser richtete seine Anstrengungen, sobald er die Kaluga überschritten hatte, gegen die große Batterie. Ein Regiment Fußvolk drang mit hingebender Tapferkeit in diese ein. Ney war kaum auf das andere Ufer der Kaluga zurückgegangen, als Eugène den Angriff auf die große Batterie wiederholte. [...] Drei Divisionen und sächsische Kürassiere erreichten das Ziel. Kutusow, obgleich aller Schanzen beraubt, gab den Kampf nicht auf. Er sammelte seine Garde und ließ sie mit Geschütz und Reiterei gegen die französische Mitte vorgehen. [...] Aber als die Russen anrückten, waren 80 Kanonen gegen sie gerichtet, deren Geschosse in ihre Massen eindrangen. Erst wurde das Vorrücken der russischen Heersäulen langsamer, dann stockten sie, um sich bald rückwärts zu wenden. Die gänzliche Ermattung der beiderseitigen Truppen veranlaßte das Ende der Schlacht."

Die Schlacht bei Borodino forderte von den Russen etwa 58.000 Tote und Verwundete, von den Franzosen und ihren Verbündeten (darunter Deutsche, Italiener und Polen) zirka 30.000, darunter 3.000 Westfalen. Auf französischer Seite fielen 29 Generale oder wurden verwundet. Bei den Russen verloren die Generale Bagration, die Brüder Nikolaj und Alexander Tutschkow sowie Alexander Kutaisow das Leben. Verwundet wurden zwei Bachmatiews, Ketow, Fürst Andrej J. Gortschakow und Prinz Karl von Mecklenburg. Außerdem kamen etwa 35.000 Pferde im Schlachtgetümmel um.

Beide Seiten schrieben sich den Sieg zu, aber es war für keine ein Sieg. Die Große Armee behauptete ein blutiges Schlachtfeld, die Russen zogen sich in der Nacht zurück. Borodino wurde kein neues Austerlitz, das die Truppen Napoleons zu neuen Waffentaten beflügeln konnte. Nun dachten sie an Moskau. Moskau verhieß das Ende des Feldzuges, das Ende der ungeheuren Strapazen und Entbehrungen. Napoleon hoffte, daß der Zar Frieden schließen werde, wenn er in Moskau sei. Für die Russen bedeutete der Ausgang der Schlacht, daß die Franzosen auf dem Weg nach Moskau nichts mehr aufhalten konnte. Selbst zu schwach, blieb Kutusow nur der weitere Rückzug und die Preisgabe der alten Hauptstadt Rußlands. Es galt, die Verluste zu ersetzen.

Napoleon ließ seine Truppen ausruhen und besichtigte am nächsten Tag das Schlachtfeld von Borodino. „Er prüfte so sorgfältig", schrieb Steger, „indem er sogar einzelne Leichen untersuchen ließ, um sich zu überzeugen, welche Waffe den meisten Schaden gestiftet habe [Es war das Geschütz], und war herzlos genug, an Huges-Bernard Maret [Napoleons Außenminister in Paris] zu schreiben: ,... das mit 30.000 Toten bedeckte Schlachtfeld war herrlich!'"

Das (westfälische) VIII. Korps mußte das Schlachtfeld räumen und die Toten begraben. Dieses Korps war bei Napoleon in Ungnade gefallen. Es war nicht die Schuld der Westfalen, sondern ihrer Führung. Jérôme, der Bruder Napoleons, und ebenso sein Nachfolger Junot, Herzog von Abrantes, waren unfähig, Truppen zu führen.

„Die französischen Soldaten sahen mit Befremden, daß der getöteten und verwundeten Feinde so viele, der Gefangenen so wenige waren, gar nur 800. Sie waren gewöhnt, die Größe des Erfolges nach der Zahl der Gefangenen zu berechnen, denn durch die Toten wurde mehr der Mut der Besiegten als der Sieg selbst beurkundet. Wenn die Übriggebliebenen sich in so guter Ordnung, stolz und wenig entmutigt, zurückzogen, so hatte die Eroberung des Schlachtfeldes wenig zu sagen. [...] Allein 700 bis 800 Gefangene und etwa zwanzig beschädigte Kanonen waren die einzigen Trophäen dieses unvollständigen Sieges", urteilte Ségur in seinem Buch.

Wenige Tage nach Borodino hielt Kutusow Kriegsrat, aber er kam zu keinem Entschluß, ob er zur Rettung Moskaus eine neue Schlacht wagen sollte. Er hatte seine verbliebenen besten Truppen der Nachhut Platows unterstellt, der mühelos die zögernd aufschließende französische Vorhut bis zum 9. September vor

Moschaisk aufhielt. Als Kutusow seine Truppen geordnet hatte, ließ er sie weitermarschieren, und Moschaisk wurde aufgegeben. Danach rückten die Franzosen in die verlassene Stadt ein.

Bis zum 12. September blieb die Masse der Großen Armee in Moschaisk. Die Kranken wurden versorgt, Nachschub herangebracht. Napoleon zögerte, wieder marschieren zu lassen, denn er wußte nicht, ob sich die Russen auf Moskau oder Kaluga zurückgezogen hatten. Als ihm die Vorhut unter Murat meldete, daß die Russen an der Straße nach Moskau verharrten, glaubte er, daß sie sich erneut zur Schlacht stellen würden.

Kutusow hatte zunächst diese Absicht, doch nach eingehenden Beratungen mit Generalen und politischen Führern Moskaus kam er zu dem Entschluß, Moskau dem Feinde zu überlassen und die 50.000 Mann seiner Armee, die er noch hatte, nach Rjasan abmarschieren zu lassen.

„Am 12. September war das Hauptquartier [Napoleons] nach Zwarewo [ostwärts Moschaisk] verlegt worden", berichtete Caulaincourt. „Am 13. lag es in dem schönen Schloß von Wezianio [Besitz des Fürsten Galitzin]. Seit der Schlacht von Borodino hatte der Kaiser mit den Personen seiner Umgebung kaum gesprochen; er schien noch immer sehr bedrückt."

Moskau 1812

Am Nachmittag des 12. September brach die Große Armee in Moschaisk auf und zog nach Tatarki. Die russische Armee stand in den Verschanzungen davor. Als der Aufmarsch Napoleons begann, zog sich Kutusow zurück. Am 14. September verließen die Moskauer ihre Stadt – zur gleichen Zeit, als Murats Vorhut den Gruß- oder Heilsberg vor Moskau erreichte. Von diesem Berg hat man einen herrlichen Ausblick auf die Stadt. Hier bekreuzigten sich alle gläubigen Russen. Die Masse der Großen Armee schloß auf und verharrte in den erreichten Räumen. „Die ganze Armee klatscht in die Hände", erinnerte sich Ségur, „den Ruf Moskau, Moskau! wiederholend. So rufen Seeleute nach einer langen Fahrt: Land, Land!"

Kurz vor Moskau traf die Vorhut auf einen Unterhändler des Generals Miloradowitsch (Korpsführer Kutusows), der Murat den Waffenstillstand anbot; in Wahrheit wollten die Russen nur Zeit gewinnen. Vorhut und Armee hielten. Caulaincourt schilderte: „Am 14. September um zehn Uhr morgens stand der Kaiser auf dem letzten beherrschenden Höhenzug vor Moskau, als er durch einen Meldezettel des Königs von Neapel [Murat] die Nachricht erhielt, der Feind habe die Stadt geräumt und einen Generalstabsoffizier als Parlamentär entsandt, um um einen Waffenstillstand für die Dauer des Durchmarsches nachzusuchen. Der Kaiser stimmte zu, wies aber den König an, dem Feind auf den Fersen zu bleiben und ihn, sobald er sich außerhalb der Stadtumwallung befinde, so weit wie möglich fortzutreiben. [...] Murat sollte ihm sobald wie möglich an das Stadttor, zu dem er auf dem Wege war, eine Abordnung der Behörden entsenden. Kurz darauf gab er dem General Durosnel, den er zum Gouverneur der

Ernst Moritz Arndt, der als Sekretär des Freiherrn von Stein tätig war.

Stadt ernannt hatte, den Befehl, mit den verfügbaren Elitegendarmen daselbst einzurücken, die öffentliche Ordnung zu sichern und von den staatlichen Gebäuden Besitz zu ergreifen. Besonders legte er ihm ans Herz, für die Bewachung des Kremls zu sorgen."

Napoleon hatte alles bedacht, einen Gouverneur bestimmt und sogar Aufrufe mit Verhaltensmaßregeln und Verboten für die Moskauer drucken lassen. Er hoffte, mit der Einnahme von Rußlands alter Hauptstadt den Krieg zu beenden, zumindest eine günstige Ausgangsposition für einen Friedensvertrag, den er diktieren konnte, zu erreichen. Der Zar war bedrückt und dachte über einen Frieden nach, aber Freiherr vom Stein (sein Sekretär war Ernst Moritz Arndt), Clausewitz und andere in russischen Diensten stehende Deutsche rieten ihm davon ab.

Der Moskauer Statthalter Graf Fjodor Rostopschin ließ indessen die Stadt von der Bevölkerung räumen. Beamte und wichtige Staats- und Stadt-Akten wurden nach Wladimir und weiter im Osten liegenden Städten verlagert. Brandkommandos von ausgesuchten Leuten und freigelassenen Verbrechern blieben zurück und bereiteten den großen Brand vor. Alle Feuerspritzen waren fortgeschafft, die Vorratslager weitgehend geräumt. Die sonst 300.000 Einwohner zählende Metropole war fast menschenleer, als die Große Armee kam.

Napoleon wartete lange vor Moskau, um die Übergabe der Stadt durch eine Bürgerabordnung entgegenzunehmen. Murats Reiter

Moskau im Jahre 1812

waren schon tief in die Stadt eingedrungen und fanden nirgends
Anzeichen einer offiziellen Übergabe. Da schickte Napoleon polnische Offiziere seines Stabes, die der russischen Sprache mäch-
tig waren, in die Stadt. Und was sie nachher berichteten, klang
unglaublich: Es gab keine Behörden, keine Beamten mit Rang
und Namen mehr in der Stadt, die eine Übergabe vornehmen
konnten. „Es kam uns vor, als wenn gute Schauspieler vor einem
ganz leeren Hause spielen sollten", hieß es bei Caulaincourt.

Murats Vorhut drang durch die Hauptstraßen vor und erreichte am Abend des 14. September die Ostausgänge von Moskau.
Die Große Armee schloß auf. Teile von ihr besetzten den Kreml.

Napoleons Soldaten hatten große Strapazen und Entbehrungen ertragen müssen. Nun tobten sie sich aus. Plünderungen begannen, Disziplin und Manneszucht verfielen. Der Gouverneur
sollte Ruhe und Ordnung wiederherstellen. Einige Todesurteile
wegen Plünderungen wurden vollstreckt.

Napoleon, der sein erstes Quartier in der westlichen Vorstadt
hatte, zog am 15. September in den Kreml um. Er bewunderte

den Prunk im alten Zarenpalast der Romanows mit Siegerstolz, während die ersten Häuser in einer Vorstadt brannten. Napoleon und seine Umgebung glaubten an Unachtsamkeit ihrer Soldaten, glaubten nicht an eine vorsätzliche Brandstiftung. Hören wir dazu wieder Caulaincourt, den Großstallmeister Napoleons, der mit diesem am 15. September in den Kreml eingezogen war: „Der Kaiser zog sich frühzeitig zurück. Jedermann war müde und legte sich, seinem Beispiele folgend, zur Ruhe. Um zehneinhalb Uhr weckte mich mein Kammerdiener, ein tüchtiger Mensch, der zur Zeit meiner Gesandtschaft mit mir in Petersburg gewesen war; er berichtete mir, die Stadt stände seit drei Viertelstunden in Flammen. Schon als ich die Augen öffnete, schwand mir jeder Zweifel; die Feuersbrunst verbreitete eine derartige Helligkeit, daß man im dunkelsten Winkel des Zimmers ohne Licht hätte lesen können. Ich sprang aus dem Bett und ließ, während ich mich ankleidete, den Oberhofmarschall Géraud Duroc wecken. Da die Feuersbrunst in den vom Kreml am weitesten entfernten Stadtteilen herrschte, kamen wir überein, zunächst einmal Erkundigungen beim Gouverneur einzuholen und die Garde alarmieren zu lassen. Den Kaiser wollten wir noch eine Weile schlafen lassen; er war in den letzten Tagen aufs äußerste angestrengt gewesen. In aller Eile stieg ich zu Pferde; ich wollte sehen, was da vorging, wollte Hilfsmannschaften, soweit man sie aufbieten konnte, heranführen und mich vergewissern, ob mein Dienstzweig, der über die ganze Stadt sich erstreckte, keine Gefahr lief.* Der herrschende Nordwind blies ziemlich heftig von dem Stadtteil her, von dem die beiden Brände sich näherten; er drückte die Flammen nach dem Mittelpunkte hin und ließ sie zu außerordentlicher Heftigkeit anschwellen. Eine halbe Stunde nach Mitternacht [16. September] brach ein dritter Brand etwas mehr westlich aus, und gleich darauf ein vierter in einem anderen Stadtteil – und wieder in der Richtung des Windes, der ein wenig auf Westen gedreht hatte. Gegen vier Uhr morgens war die Feuersbrunst so ausgebreitet, daß wir es doch für notwendig hielten, den Kaiser zu wecken. Er entsandte weitere Offiziere, die an Ort und Stelle die Vorgänge beobachten und nach den möglichen Ursachen forschen sollten. Die Truppen standen unter Gewehr. Die wenigen Einwohner, die zurückgeblieben wa-

---

* Caulaincourt hatte den „Fuhrpark" des Kaisers unter sich und war auch für Kurier- sowie Meldedienste und -staffeln verantwortlich.

90

ren, stürzten aus den Häusern und drängten sich in den Kirchen zusammen. Aus verschiedenen Häusern schleppten Offiziere und Soldaten ,Boutechniks'* und Muschiks herbei, die sie nach ihrer Angabe dabei überrascht hatten, wie sie in den Häusern angehäufte, leicht brennbare Stoffe anzünden wollten. Polnische Soldaten berichteten, sie hätten schon eine Anzahl dieser Brandstifter festgenommen und erschossen."

Am 16. September brannte Moskau an allen Ecken und Enden. Der Brand wütete bis zum 19. September. Napoleon verließ den Kreml und zog in das Lustschloß Petrowski um. Als am 20. September der Brand zum Erliegen kam, lagen vier Fünftel Moskaus in Schutt und Asche. Alle Holzhäuser waren vernichtet, und nur Steinbauten standen noch. Die Soldaten Napoleons bargen aus verschütteten Kellern und Magazinen, was noch zu retten war. Ernährung und Kleidung wurden so für einige Zeit gesichert.

Napoleon, der inzwischen in den Kreml zurückgekehrt war, wartete immer noch auf ein Friedensangebot des Zaren Alexander I. Die russischen Truppenabteilungen, die rund um Moskau standen, verhielten sich friedensgeneigt und defensiv – um Zeit zu gewinnen. Sie warteten auf das Einsetzen des Winters.

Kutusow hatte die russischen Streitkräfte von der Straße nach Rjasan um Moskau herumgezogen und sich an der alten Straße nach Kaluga verschanzt. Murat, der mit seinen Reitern Fühlung behielt, erkannte zuerst, daß die Russen ihre Hauptkräfte südlich von Moskau versammelten und bewog Napoleon dazu, auch das V. (polnische) Korps Poniatowskis und Teile der Garde unter Marschall Jean-Babtiste Bessières im Süden von Moskau einzusetzen. Murats und Poniatowskis Kräfte besetzten Podolsk, Bessières Garde die kleine Stadt Desna, hart südlich von Moskau. Vor ihnen zog sich ab 28. September Kutusow mit den Hauptkräften bis hinter die Nara zurück; am 4. Oktober standen sie beiderseits Tarutino – bereit, der Großen Armee die zweite große Schlacht zu liefern. Die Franzosen schlossen zögernd auf, sie waren mißtrauisch. Am 4. Oktober traf ein Unterhändler Napoleons bei Kutusow ein, um ihm Waffenstillstand und Friedensvorschläge zu unterbreiten. Von Seiten der Russen kam keine Reaktion. Am 13. Oktober war der Unterhändler wieder bei Kutusow, der erklärte, daß die Verhandlungen beginnen

---

* Nacht- und Brandwächter, die die Bevölkerung bei Gefahr durch Läuten der Kirchenglocken alarmieren.

werden, sobald Instruktionen aus St. Petersburg vorlägen. Die Russen betrieben eine Hinhaltetaktik. Und der Winter kam näher.

Indessen trat in Moskau eine gewisse Beruhigung der allgemeinen Lage ein. Hören wir nun wieder Caulaincourt dazu: „Einige Tage nach der Rückkehr in den Kreml verkündete der Kaiser öffentlich seinen Entschluß, in Moskau Winterquartiere zu nehmen. Selbst in seinem jetzigen Zustande könne es ihm an Unterkunftsmöglichkeiten und Hilfsquellen mehr bieten als jede andere Stellung. Er ließ den Kreml und die Klöster rings um die Stadt in Verteidigungszustand setzen und ordnete verschiedene Rekognoszierungen [Erkundungen] in der Umgebung an, um für den Winter ein Verteidigungssystem einzurichten. – Der Kaiser traf gleichzeitig viele andere weitschauende Vorsichtsmaßregeln. Er kündigte neue Aushebungen in Frankreich und in Polen an, ebenso die, wie er sagte, schon früher angeordnete Aufstellung polnischer Kosaken. Reserven erhielten Befehl, zu uns zu stoßen, und die Verstärkungen sollten, gestaffelt heranmarschierend, zugleich unsere rückwärtigen Verbindungen sichern. Die Posthäuser wurden befestigt. Besondere Aufmerksamkeit wurde dem Stafettendienst zuteil, den ich seit Beginn des Feldzuges organisiert hatte. Der Postsack, der die Depeschen für den Kaiser und für das Hauptquartier enthielt, traf regelmäßig jeden Tag aus Paris in Moskau ein, in nicht ganz fünfzehn, oft in vierzehn Tagen. Der Dienst wurde von Paris bis Erfurt durch die Postillione der Postrelais versehen; von dort bis nach Polen durch Kuriere, die in Abteilungen von je vier Mann alle dreißig Meilen [etwa 42 Kilometer] aufgestellt waren; in einem Teile Polens wieder durch die Postillione der Relais; an der Grenze und in Rußland durch Postillione, die der Generaldirektor der Post, Graf Antoine Lavallette, ausgesucht, mit unseren besten Postpferden ausgerüstet und mir zur Verfügung gestellt hatte. Die Pünktlichkeit des Dienstes war wirklich erstaunlich, und der Kaiser wartete immer ungeduldig auf seine Stafette. Die Mappe aus Paris, die Briefpakete aus Warschau und Wilna waren geradezu das Barometer für die gute oder schlechte Laune des Kaisers."

Die Verbindungen ins Hinterland und nach Paris waren bisher ungefährdet. Nirgends wurden Behinderungen oder gar Zwischenfälle gemeldet. Die Etappe schien sicher und gesichert – noch! Napoleon war zweifelsohne ein genialer Feldherr, der aber auch die „Kleinigkeiten" bedachte. Sein Weitblick und Organisationstalent war verblüffend. Er organisierte die Überwinterung seiner Großen Armee in Moskau mit großem Geschick und fühlte sich sicher.

Indessen hatte Kutusows Armee an der Nara bei Tarutino in aller Stille eine gute Stellung bezogen und wartete auf den Befehl zum Losschlagen. Kutusow hatte alle neu Ausgehobenen an sich gezogen und seine Regimenter aufgefüllt. Er hatte sich um neue Korps und die Kavallerie verstärkt, besonders durch Kosaken vom Don und von der Wolga. Insgesamt kommandierte Kutusow nun etwa 80.000 Mann Fußtruppen mit 600 Geschützen und 20.000 Kosaken. Napoleon verfügte im Raum Moskau noch über 85.000 Mann Fußtruppen, 14.000 Kavalleristen (teilweise ohne Pferde) und 530 Geschütze. Im Raum Moskau standen die Garden und das I., III., IV., V. Korps sowie die Kavallerie. In Moschaisk befand sich Junots VIII. Korps (Westfalen), um die Verbindungs- und Nachschublinien der Armee zu sichern.

Am 18. Oktober brach Kutusow die trügerische Waffenruhe und schlug los. Bei Tarutino kam es zum ersten Treffen, bei dem Murats und Poniatowskis Truppen geschlagen wurden. Nur mit Mühe konnten sie sich aus der Umklammerung lösen und eine neue Abwehrstellung gewinnen.

1941 – Ziel: Moskau

Aus den Kesselschlachten bei Brjansk und Wjasma heraus wurden die deutschen Panzer- und motorisierten Verbände der Heeresgruppe Mitte gleich auf die erste Moskauer Schutzstellung angesetzt. Am 5. Oktober fiel bereits Juchnow. Von dort stießen Teile der 10. Panzerdivision (XXXX. Panzerkorps) nach Norden. Nicht eingesetzte Teile der Panzergruppe 4 und der 4. Armee wurden in den Raum Juchnow herangezogen und erhielten Kaluga als Angriffsziel. Die SS-Division „Reich" folgte der 10. Panzerdivision und schwenkte in Richtung Gschatsk ein. Am 6. Oktober eroberte die Division Gschatsk. Sie sicherte nach Osten und nahm nach Westen die Verbindung mit der 10. Panzerdivision auf. Während die 10. Panzerdivision noch am Kessel von Wjasma gebunden war, hatte die SS-Division „Reich" es mit russischen Ausbruchskräften zu tun, besonders an der Rollbahn nach Moskau. Als diese Ausbruchskämpfe abgeflaut waren, bekam die Division vom Korps folgenden Auftrag: „SS-,Reich' stößt am 11. Oktober dem geschlagenen Gegner auf Moskau nach. Erstes Sprungziel: Moschaisk. Hinter ,Reich' folgt verstärktes Panzerregiment 7 der 10. Panzerdivision zunächst bis Gschatsk." Korps und Armee gedachten, die Moskauer Schutzstellung im Raum Moschaisk aufzubrechen, ehe sie verstärkt werden konnte.

Wie hier an der Rollbahn nach Moskau stießen überall deutsche Angriffsspitzen nach Osten. Die Wetter- und Wegeverhältnisse wurden schlechter. Die Marschleistungen der Infanterie sanken. Panzer- und motorisierte Verbände blieben stecken oder wegen Treibstoffmangels liegen. Der Nachschub wurde zum größten Problem. Es wurde improvisiert. Die dezimierten Panzer-Abteilungen wurden zu Panzer-Kampfgruppen zusammengefaßt.

Mühsam aber stetig ging es weiter. Die Soldaten wünschten sich Frost, der die Schlammstraßen festigte. Aber noch hatte die „Rasputiza" die Oberhand.

Guderians Panzergruppe 2 eroberte am 11. Oktober mit der 4. Panzerdivision Mzensk. Von hier waren es nur noch 150 Kilometer bis Tula. Und Tula war der südliche Eckpfeiler der zweiten Moskauer Schutzstellung. Um die gleiche Zeit hatte die 4. Armee mit dem XII. und XIII. Armeekorps die Ugra westlich von Kaluga erreicht und Brückenköpfe gebildet. Kaluga war eine starke Bastion der ersten Moskauer Schutzstellung. Die Stadt fiel am 13. Oktober.

Weiter nördlich hatte sich das LVII. Panzerkorps an Medyn herangeschoben, umging die Stadt und stieß auf Malojaroslawez vor. Entlang der Rollbahn ging die SS-Division „Reich" auf Moschaisk vor.

Am Nordflügel der Heeresgruppe Mitte erreichte das XXXXI. Panzerkorps (nunmehr unter General Walter Model) mit der 1. Panzerdivision den Oberlauf der Wolga und bildete einen Brückenkopf. Am 14. Oktober fiel Kalinin, der nördliche Eckpfeiler der ersten Moskauer Schutzstellung. Von Kalinin bis Moskau waren es 150 Kilometer, von Kaluga bis Moskau 160 Kilometer.

Das stark befestigte Mittelstück der ersten Moskauer Schutzstellung an der Rollbahn bei Moschaisk zu durchbrechen, fiel der SS-Division „Reich" zu. Am 13. Oktober gelang es der Division, mit Unterstützung von Panzern der 10. Panzerdivision in die Schutzstellung einzubrechen. Darüber wird ausführlich in der Divisionsgeschichte* berichtet. Die nachfolgenden Schilderungen basieren darauf.

Am Morgen des 13. Oktober war das Regiment „Der Führer" an der Rollbahn und das Regiment „Deutschland" mit der II. Abteilung des Panzerregimentes 7 (10. Panzerdivision) nördlich davon auf die Moskauer Schutzstellung angesetzt. Zunächst sollte erkundet werden. Das III. Bataillon des Regimentes „Deutschland und die besagte Panzerabteilung hatten gegen 9.30 Uhr Kolozkoje erreicht und gesichert. Von dort wurde die 9. Kompanie des Regimentes „Deutschland" (SS-Obersturmführer Tost) mit dem verstärkten 3. Zug der 5. Kompanie des Panzerregimentes 7 (Oberleutnant Lohaus) zur Aufklärung auf Rogatschewo angesetzt.

---

* Otto Weidinger. *Division DAS REICH*, Band 3: 1941–1943, S. 124 ff.

Die 9. Kompanie des Regimentes „Deutschland" saß auf Lohaus Panzer auf und los ging's! In Akinschino gab es noch keinen Widerstand. Bei Golobino entdeckte man flüchtig ausgeworfene Stellungen und vernahm erstes Gewehrfeuer. Die Kompanie saß ab und nahm Golobino gegen schwachen Widerstand. Die Panzer schlossen auf. Von Golobino hatten die Grenadiere bereits einen guten Einblick in die feindlichen Stellungen, an denen noch fleißig gearbeitet wurde. Nach nur kurzem Halt ging es weiter.

Der Bahnhaltepunkt Kolotsch wurde schnell erreicht. Die Panzer gingen am Bahndamm in Stellung und deckten das weitere Vorgehen der SS-Männer, die zügig vorankamen. Drei Panzer III schlossen auf der Straße nach Rogatschewo bis zum Bachgrund auf. Als der erste Panzer 50 Meter vor der Bachbrücke angekommen war, flog diese in die Luft. Wenig später wurde dann auch weiter südlich der Übergang über den Panzergraben von den Russen gesprengt. Das war das große Wecken! Während die Deutschen eine Übergangsmöglichkeit über den Bach suchten, nahm das russische Abwehrfeuer immer mehr zu. Zwei Panzer IV, die noch rückwärts auf der Höhe standen, nahmen das Feuer auf und kämpften in kurzer Zeit vier erkannte Bunker und weitere Feindstellungen nieder. Unter dem Feuerschutz der Panzer drang SS-Obersturmführer Tosts 9. Kompanie über den Panzergraben hinweg in die Feindstellungen bei Rogatschewo ein und hielt sie gegen feindliche Angriffe. Ein Aufklärungsauftrag wurde so durch entschlossenes, selbständiges Handeln zu einem Erfolg von weitreichender Bedeutung. Als dem Kommandeur des Regimentes „Deutschland", SS-Oberführer Wilhelm Bittrich, der Erfolg der 9. Kompanie gemeldet wurde, erkannte dieser die einmalige Chance und setzte unverzüglich sein I. und II. Bataillon auf die Einbruchsstelle bei Rogatschewo an, um diese zu verbreitern.

Wie es dann weiterging, entnehmen wir der Divisionsgeschichte: „In der Nacht vom 13. auf den 14.10.1941 gelingt es den beiden SS-Regimentern ‚Deutschland' und ‚Der Führer' – in schweren und sehr verlustreichen Kämpfen, die oft zu Nahkämpfen Mann gegen Mann führen –, die Einbruchsstelle bei Rogatschewo bis zum Morgengrauen auf drei Kilometer zu erweitern. Am Morgen des 14.10. wird beim Regiment ‚Der Führer' das II. Bataillon des Regimentes nachgezogen, mit dem Auftrag, aus der

Oben: Auf verschlammten Straßen in Richtung Moskau

Unten: General Walter Model (links) und SS-Oberführer Wilhelm Bittrich (rechts)

Einbruchsstelle heraus das feindliche Stellungssystem nach Süden über die Straße aufzurollen und damit die Rollbahn für die bereitstehende 10. Panzerdivision freizukämpfen."* Bei diesen Kämpfen wurde der Divisionskommandeur, SS-Obergruppenführer und General der Waffen-SS Paul Hausser, verwundet. Die Division übernahm SS-Oberführer Bittrich.

Der Einbruch in die Moskauer Schutzstellung an der Rollbahn war überraschend gelungen, aber es dauerte noch Tage, bis sie gänzlich durchbrochen war. Hier bei Jelnja, nicht zu verwechseln mit Jelnja im Desnabogen, bei Utizy und Artemki, bei Borodino und Moschaisk tobten erbitterte Kämpfe. Das XXXX. Panzerkorps des Generals Stumme und seine zwei Divisionen, die 10. Panzerdivision und die SS-Division „Reich", wurden aufs äußerste gefordert. Schwere Artillerie unter Artillerie-Kommandeur 128, Oberst Helmuth Weidling, unterstützte und schoß Lücken in den Gegner. Nebelwerfer des Regiments 54 waren im Großeinsatz. Es wurde ein mühsames, verlustreiches Durchkämpfen, denn die Russen wehrten sich wie die Teufel, sie wußten, was auf dem Spiele stand. Das wellige, waldreiche Gelände, von Bachläufen durchzogen, war durch Minen-, Flammenwerfer- und Panzersperren gesichert. Und überall gab es Bunker und Feldstellungen. Wuchtige Angriffe und opfervolle Gegenstöße wurden ausgeführt – teilweise mit Panzerunterstützung. Hauptstütze der russischen Verteidigung war die 32. sibirische Schützendivision mit den Regimentern 17, 113 und 302. Sie kam aus Wladiwostok im Fernen Osten. Ihre Soldaten waren wintermäßig ausgestattet, mit Watteanzügen, Pelzmützen und Filzstiefeln, dazu ausgerüstet mit modernsten Waffen. In Moskau wurden der Division zwei neuaufgestellte Panzerbrigaden (18. und 19.) mit fabrikneuen T 34 und KW 2 sowie ein Marschregiment mit drei Bataillonen und das 367. Pak-Regiment unterstellt. Die verstärkte 32. Schützendivision hielt und fiel – und verlor eine Verteidigungsposition nach der anderen.

Als sich die Krise der russischen Verteidigung an der Rollbahn zwischen Gschatsk und Moschaisk abzeichnete, beauftragte Stalin den Armeegeneral Schukow mit der Führung der russischen „West-Front". Außerdem wurden ihm die aus dem Kessel von Wjasma entkommenen Truppen der „Reserve-Front" unterstellt. „Kümmern Sie sich besonders um den Abschnitt Moschaisk",

---

* Ebd., S. 133/34.

war Stalins besonderes Anliegen an Schukow, der darüber in seinen *Gedanken und Erinnerungen* dann weiter berichtet: „Der Frontstab verlegte nach Alabino. Nikolaj Bulganin,* ein Mitglied des Militärrates, und ich fuhren zu Oberst Semjon Bogdanow nach Moschaisk. Hier konnte man die Kanonade und das Krachen der Bomben gut hören. Bogdanow, der Befehlshaber des Befestigungsbereiches Moschaisk, meldete, daß die 32. Schützendivision, durch Artillerie und Panzer verstärkt, im Vorgelände von Borodino gegen motorisierte und Panzertruppen des Gegners kämpfe. Die 32. Schützendivision werde von Oberst W.I. Polosuchin, einem sehr erfahrenen Kommandeur, befehligt. Man könne sich auf diese Division verlassen. Nachdem wir Bogdanow die nötigen Anweisungen gegeben hatten, fuhren wir zum Frontstab zurück. Der Frontstab lag in Alabino. Dort wurde sofort mit einer umfangreichen Organisations- und Operationsarbeit begonnen. Man mußte schleunigst eine tief gegliederte Verteidigung im Abschnitt Wolokolamsk–Moschaisk–Malojaroslawez–Kaluga aufbauen sowie Reserven schaffen, um beweglich zu sein und gefährdete Stellen verstärken zu können. Die Boden- und Luftaufklärung mußte organisiert, die Truppenführung wirksamer gestaltet werden. […] Reserven rückten in den Abschnitt Moschaisk ein, verbesserten die Abwehrstellungen. Der Abschnitt Moschaisk gehörte zum Befehlsbereich der 43. Armee, die von Generalmajor Pjotr Sobennikow geführt wurde."

Hier auf diesem historischen Boden schlug sich am 7. September 1812 Napoleons Große Armee mit den Russen. Die Verluste waren auf beiden Seiten sehr hoch. Es gab keinen Sieger. Die Russen brachen die Schlacht ab und zogen sich zurück. Und nun, 129 Jahre und einen Monat später, wurde das Höhengelände bei Moschaisk erneut Schauplatz heftigster Kämpfe zweier großer Armeen.

Der völlige Durchbruch durch die Moskauer Schutzstellung gelang nicht so schnell wie angenommen. Am 18. Oktober 1941 wurde das Straßenkreuz bei Schelkowka im Pak-, Flak- und Geschützfeuer der Panzer genommen. Einen Tag später eroberten 10. Panzerdivision und SS-Division „Reich" Moschaisk. Die bayerische 7. Infanteriedivision (VII. Armeekorps) schloß auf und verteidigte in wechselvollen Kämpfen Schelkowka und

---

* Bulganin (1895–1975) fungierte als Politkommissar der „West-Front" im Range eines Generalleutnants; 1955–1958 war er Ministerpräsident der UdSSR.

Borisowo. Im Verband der 7. Infanteriedivision kämpfte die „Légion Volontaire Française contre le bolchévisme" (LVF, als 638. Infanterieregiment des Heeres) – Franzosen, die sich freiwillig zum Kampf gegen die Sowjets gemeldet hatten. Jetzt kämpften Franzosen auf deutscher Seite. 1812 dagegen kämpften Polen, Italiener, Württemberger, Bayern, Westfalen, Berger und Hessen neben französischen Soldaten in den Korps der Großen Armee.

Am 19. Oktober fiel Moschaisk. Weiter südlich eroberte die 19. Panzerdivision Malojaroslawez, jene Stadt, in der die Große Armee am 24. Oktober 1812 ihre erste große Schlappe hatte einstecken müssen.

Am Südflügel der Heeresgruppe Mitte hatte die Panzergruppe 2 die Upa erreicht und einen Brückenkopf gewonnen. Die Richtung zeigte auf Tula.

Am Nordflügel der Heeresgruppe, bei Kalinin, zeichneten sich an diesem Tage ernste Krisen ab. „Feindangriffe von Südosten auf Kalinin führten zu örtlichen Einbrüchen, die unter Einsatz aller Reserven bereinigt wurden", heißt es im KTB des OKW. „Feindangriffe [...] erreichten zehn Kilometer westlich Kalinin die Straße Kalinin–Torschok. [...] Diese Kämpfe im Verein mit Kräfte- und Munitionsmangel machten eine Zurücknahme der 1. Panzerdivision in den Brückenkopf bei Mednoje erforderlich."

Die Wetter- und Wegeverhältnisse hatten sich zunehmend verschlechtert. Es herrschte Nachtfrost, und am Tage gab es Temperaturen über Null, Regen und Schneeschauer, Dunst und dicken Nebel. Erst am 28. Oktober heißt es amtlich: „Aufbesserung der Wetterlage, Frost." Höchste Zeit, denn die deutschen Soldaten näherten sich dem Ende ihrer Kräfte.

Am 24. Oktober eroberte die 10. Panzerdivision Rusa. Die SS-Division „Reich" sollte aufschließen, gelangte aber nur noch mit Teilen über das Straßenkreuz von Schelkowka. Die von den Sowjets neu eingesetzte 82. Schützendivision aus der Äußeren Mongolei griff mit Unterstützung von zwei Panzerbrigaden das Straßenkreuz von Schelkowka an und nahm es. Die 7. Infanteriedivision – Bayern und Franzosen – wehrte sich verzweifelt. Es entwickelten sich hin- und herwogende Kämpfe, die den ganzen Abschnitt des VII. Armeekorps unter General Wilhelm Fahrmbacher erfaßten. Die 197. und 267. Infanteriedivision griffen in den Kampf ein. Am 27. Oktober war das Straßenkreuz bei Schelkowka

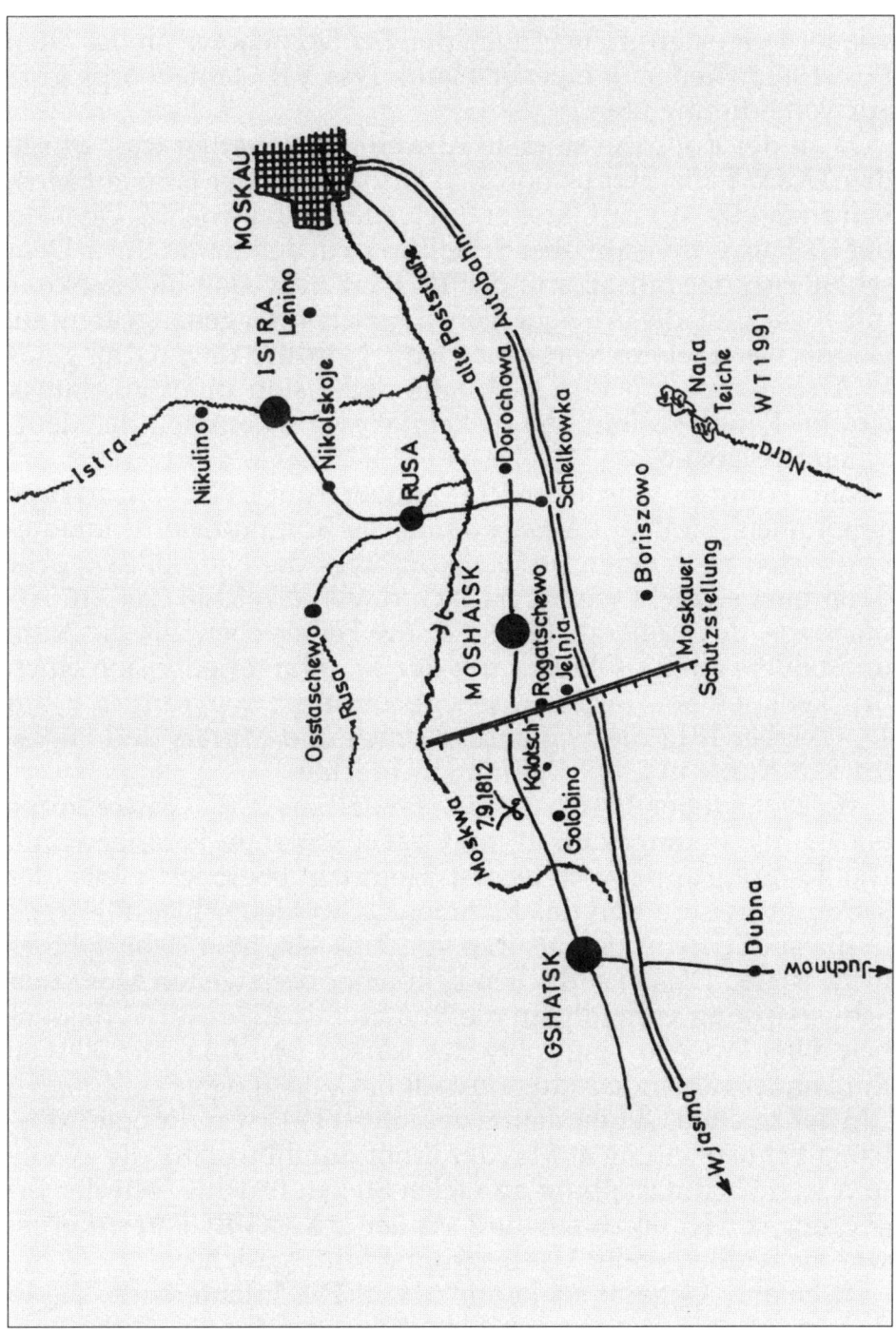

Kartenskizze 7: Westlich von Moskau

wieder freigekämpft, war auch der Ort Dorochowa an der alten Poststraße wieder in eigener Hand. Das VII. Armeekorps ging zur Verteidigung über.

Da an der Rollbahn stärkste Abwehr zu erwarten war, wurde das XXXX. Panzerkorps nördlich ausholend über Istra auf Moskau angesetzt. Ab 27. Oktober folgten letzte Teile der SS-Division der 10. Panzerdivision über Schelkowka in den Raum Rusa. Dem schloß sich der Einsatz mit der 10. Panzerdivision im Halbkreis um Rusa und die Abwehr von russischen Gegenangriffen an. Das nächste Ziel des Korps hieß Istra. Nördlich davon drang das V. Armeekorps mit der 35. Infanteriedivision in Wolokolamsk ein. Im Raum Kalinin gab es kein Vorwärtskommen der deutschen Divisionen.

Naro Fominsk wurde am 22. Oktober vom LVII. Panzerkorps genommen. Südlich davon konnte die 3. motorisierte Infanteriedivision noch einen Brückenkopf über die Nara bilden, aber dann ging es nicht weiter. Südlich davon erreichte das XII. Armeekorps des Generals Hans-Gustav Felber ebenfalls die Nara und bildete am 23. Oktober mit der 34. Infanteriedivision einen Brückenkopf bei Tarutino, jenem Tarutino, wo Kutusow am 18. Oktober 1812 die Waffenruhe brach und Murats und Poniatowskis Korps in große Bedrängnis brachte.

Am 29. Oktober 1941 hatte sich Guderians XXIV. Panzerkorps bis an Tula herangekämpft, im Straßenschlamm herangewühlt. Die Kampfgruppe von Oberst Heinrich Eberbach (Teile der 3. Panzerdivision und das Regiment „Großdeutschland") drang in die südlichen Außenbezirke von Tula ein, aber dann ging es nicht weiter. Diesen südlichen Eckpfeiler der zweiten Moskauer Schutzstellung verteidigten die Russen mit äußerster Verbissenheit. Drei Wochen lang tobte der Kampf um Tula. Die 300.000 Einwohner zählende Industriestadt fiel jedoch nicht.

In der zweiten Oktoberhälfte des Jahres 1941 war die erste Moskauer Schutzstellung auf breiter Front durchbrochen, die zweite und letzte Schutzstellung an vielen Stellen brüchig. Mit der Eroberung von Kursk durch die 2. Armee (XXXXVIII. Panzerkorps) war die Südflanke der Heeresgruppe Mitte gesichert.

Da befahl „General Schlamm": Halt! Die Infanteristen, die in den letzten Tagen nur noch fünf Kilometer am Tage schafften, konnten nicht mehr. Der Nachschub der Panzer- und motorisierten Verbände blieb im Schlamm stecken. Die Pferde fraßen das verfaulte Stroh von den niedrigen Russenkaten. Menschen und Tiere hungerten und froren. Die durchnäßten Uniformen wurden nicht mehr trocken. Die Divisionsstärken waren auf 3–5.000 Mann zusammengeschmolzen. 15–18.000 Mann waren Sollstärke. Das war die Situation Ende Oktober 1941 bei den 60 deutschen Divisionen, die auf Moskau angetreten waren.

In der sowjetischen Hauptstadt herrschte Krisenstimmung. Bereits am 16. Oktober waren die russische Regierung und das diplomatische Korps nach Kuibyschew evakuiert worden. Stalin und das sowjetische Oberkommando, die „Stawka", blieben in der Stadt. In Moskau wurde alles mobilisiert: Frauen, alte Männer und Kinder zum Schanzen. Jünglinge und Fabrikarbeiter steckte man in Arbeiter- und Volkswehr-Bataillone. Chaos kam auf, Plünderungen wurden rigoros unterdrückt. Die Flakabwehr wurde wesentlich verstärkt. Die deutschen Luftangriffe wurden eingestellt. Durch „General Schlamm" erhielt Moskau eine Atempause, die es entscheidend nutzte.

Für das OKH stellte sich die Frage, ob unter diesen Umständen die Offensive auf Moskau weiterlaufen sollte oder nicht. Am 12. November 1941 hatte der Stabschef des OKH, Generaloberst Halder, alle Heeresgruppen- und Armee-Stabschefs der Ostfront in Orscha versammelt. Die Heeresgruppe Nord war nach Abzug der Panzergruppe 4 (Generaloberst Hoepner) nur noch geringfügig weitergekommen und vor Leningrad und am Wolchow zum Stellungskrieg übergegangen. Die Heeresgruppe Süd hatte Taganrog, das Donezbecken und Charkow erobert und befand sich im Angriff auf Rostow. Rostow war das Tor zum Kaukasus. Dort sollte man angeblich wegen des milden Klimas auch im Winter operieren können. Trotz Rückschlägen hielt man an weitgesteckten Zielen fest. Die Heeresgruppe Süd wollte noch vor Einbruch des Winters Rostow erreichen und die Heeresgruppe Mitte noch Moskau.

Die Truppenkommandeure der Heeresgruppe Mitte spornten mit flammenden Befehlen und Aufrufen die Soldaten zu letzten Anstrengungen an, um das Endziel des Jahres, Moskau, zu erreichen. Das erschien ihnen besser, als im Winter in den erreichten trostlosen Stellungen auszuharren und auf den Frühling zu warten.

Zwischen dem 15. und 19. November 1941 traten die Divisionen der Heeresgruppe Mitte zeitlich gestaffelt wieder zum Sturm auf Moskau an. Bereits am 12. Oktober 1941 ging bei der Heeresgruppe Mitte ein Fernschreiben vom OKW ein: „Der Führer hat entschieden, daß eine Kapitulation von Moskau nicht anzunehmen ist, auch wenn sie von der Gegenseite angeboten würde. Die moralische Berechtigung liegt vor aller Welt klar. Ebenso wie in Kiew durch Sprengungen mit Zeitzündern die schwersten Gefahren für die Truppen entstanden sind, muß damit in Moskau in noch stärkerem Maße gerechnet werden." Tatsächlich hatte der russische Rundfunk solche Maßnahmen angekündigt, aber sie in solch großem Ausmaß durchzuführen, erschien manchen als fraglich. Allerdings stand Hitler die Situation von Napoleon im brennenden Moskau vor Augen. Und die Entschlossenheit des bolschewistischen Regimes, Moskau zur Todesfalle für Eroberer zu machen, war erheblich größer als die der russischen Verteidiger von 1812. Aber daran dachten die wenigsten Soldaten der Heeresgruppe Mitte. Sie zog es nach Moskau, in die Stadt mit warmen Quartieren – wie einst die Soldaten der Großen Armee.

Mit dem erneuten Antreten kam endlich der langersehnte Dauerfrost, der die Straßen fest machte. Die Stimmung stieg, und das Thermometer sank – fiel immer tiefer. Vereinzelt gab es leichten Schneefall auf tiefgespurte, festgefrorene Wege. Es kam zu Speichenbrüchen bei den Trossen der Infanterie sowie zu Federbrüchen und Karosserie- und Lenkungsschäden bei den Kraftfahrzeugen. Unter dem 17. November lesen wir im KTB des OKW: „5 bis 7 Grad minus." 20. November: „Frost. Schneefall. Vereisung erschwert Bewegungen." 25. November: „Anhaltender Frost, stellenweise Nebel und Dunst, strichweise Schneeregen, Temperatur um 0 Grad. Wege stellenweise vereist." Und so ging es bis Ende November weiter. Dann brach ungestüm der Winter herein. Unter solchen Wetter- und Straßenverhältnissen kämpften sich die Verbände der Heeresgruppe Mitte weiter an Moskau heran – unter zunehmend stärkerer Abwehr.

Am Nordflügel der Heeresgruppe Mitte erreichten das XXVII. Armeekorps und das LVI. Panzerkorps die Wolga-Staubecken südostwärts von Kalinin. Das LVI. Panzerkorps nahm am 23. November Klin und schwenkte nach Nordosten ein. Das XXXXI. Panzerkorps wurde daneben eingeschoben. Am 28. Novem-

Und dann kam mit Eis und Schnee die klirrende Kälte: Eingeschneite deutsche Panzer (oben); deutsche Panzergrenadiere nähern sich einem russischen
Dorf (unten).

ber erreichte die 7. Panzerdivision (LVI. Panzerkorps) bei Jachroma den Wolga-Moskwa-Kanal und bildete mit der Kampfgruppe des Obersten von Manteuffel einen Brückenkopf. Das große Elektrizitätswerk, das Moskau mit Strom versorgte, war in deutscher Hand. Einen Tag später bildete die 14. motorisierte Infanteriedivision bei Dmitrow einen weiteren Brückenkopf über den Kanal.

Südlich davon griffen V. Armeekorps und XXXXVI. Panzerkorps in Richtung Wolga-Moskwa-Kanal an und brachen die zweite Moskauer Schutzstellung auf. Das XXXX. Panzerkorps drang bis Istra am gleichnamigen Fluß vor; in der Nacht zum 26. November brach die SS-Division „Reich" in die Zitadelle von Istra ein und bildete dort einen Brückenkopf. Am nächsten Tag fiel die Stadt Istra, woran auch die 10. Panzerdivision maßgeblich beteiligt war.

Damit war Moskau von Norden her aufs äußerste bedroht. Stalin und Schukow setzten alles ein, was sie noch hatten. Insbesondere mußte der Brückenkopf bei Jachroma beseitigt werden, denn hinter dem Kanal gab es keine Stellungen mehr, die Moskau schützen konnten. Am 29. November gab das LVI. Panzerkorps unter starkem Feinddruck die Brückenköpfe bei Dmitrow und Jachroma auf, sprengte die Kanalbrücke und ging auf dem Westufer zur Verteidigung über.

Südlich davon war General Richard Ruoffs V. Armeekorps auf Moskau eingedreht und erreichte am 30. November mit der 106. Infanteriedivision Krasnaja Poljana, mit der 35. Infanteriedivision und Teilen der 11. Panzerdivision Krjukowo. Rechts daneben, entlang der Straße Kalinin–Moskau, kam die 2. Panzerdivision mit ihrer Spitze sogar bis Chimki, einem Vorort von Moskau. Von dort waren es noch knapp 20 Kilometer bis zum Roten Platz. Südlich davon drang die SS-Division „Reich" (XXXX. Panzerkorps) bis Lenino vor – von dort waren es noch 17 Kilometer bis zum Stadtrand der Sowjetmetropole.

Aber nun gab es kein Weiterkommen mehr. Die Gegenangriffe nahmen zu. Die Frontbeulen bei Krasnaja Poljana und Chimki wurden eingedrückt. Es schien, als gäbe der Winter den Russen neue Kraft. Neue Oberbefehlshaber waren mit neuen Verbänden angetreten. Die ganze Fernost-Armee griff in den Kampf um Moskau ein. Überall wurden die Deutschen in die Verteidigung gedrängt und mußten die hart erkämpften Ausgangspositionen auf Moskau aufgeben. Eine große Wende bahnte sich an.

Im Zentrum der Heeresgruppe Mitte kam die letzte deutsche Offensive gar nicht mehr richtig in Fluß. Dazu der Eintrag im KTB des OKW vom 3. Dezember 1941: „LVII. Panzerkorps und XX. Armeekorps konnten die Anfangserfolge der Vortage infolge heftiger Gegenangriffe des Feindes nicht erweitern. Wegen des zunehmenden Feinddrucks und der absinkenden Gefechtsstärken wurde die Zurücknahme auf das Westufer der Nara befohlen. […] Ebenso mußte der Befehl zur Zurücknahme der beiden Flügel des VII. Armeekorps hinter die Nara gegeben werden." Damit war wieder eine Gefahr für das einst hart umkämpfte Straßenkreuz bei Schelkowka–Dorochowa verbunden, der Nachschub- (und Rückzugs-) Straße des XXXX. Panzerkorps.

Indessen kämpfte Guderians Panzergruppe 2 verbissen um Tula. Ostwärts von Tula, bei Wenew, entstand eine große Beule, aber Tula fiel nicht. Es gelang auch nicht, den schmalen russischen Verbindungsschlauch von Westen und Osten her abzukneifen und damit Tula zu Fall zu bringen. Nichts ging mehr.

Am 1. Dezember 1941 ereignete sich dann ein erneuter Kälteeinbruch mit Schneestürmen, Verwehungen und vereisten Straßen. Das Land und die Menschen erstarrten in Eiseskälte. Am 2. Dezember fiel das Thermometer auf 20, am 4. Dezember auf 25 Grad unter null, und unter dem 5. Dezember 1941 vermerkt das KTB des OKW: „Minus 35 Grad." Und so blieb es dann wochenlang.

„In den ersten Dezembertagen spürte man an der Kampfweise und an der Stärke der Angriffe, daß die deutschen Truppen erschöpft waren und nicht mehr über die nötigen Kräfte und Mittel verfügten, um die Offensive fortzusetzen", schrieb Schukow in seinen *Erinnerungen und Gedanken*. Wie recht er hatte!

1812 – Rückzug der Großen Armee aus Rußland

Die Große Armee hatte alle Vorbereitungen getroffen, um in Moskau zu überwintern. Die russische Armee war um Moskau herumgezogen und hatte sich im Raum Malojaroslawez festgesetzt. Geschickte Hinhaltetaktik Kutusows ließ Napoleon hoffen, doch noch zum ersehnten Frieden zu kommen, den er diktieren wollte. Er wurde enttäuscht. Indessen zogen die Russen neu aufgebotene Reserven heran, brachen die trügerische Waffenruhe und schlugen los. Bei Tarutino kam es zum ersten, blutigen Treffen, bei dem Murat und Poniatowski eine Niederlage erlitten, sich nur mit Mühe aus der Umklammerung lösen und eine neue Abwehrstellung beziehen konnten.

Zur gleichen Stunde fand im Kreml vor Napoleon eine große Parade statt. Als er die Nachricht von der Niederlage bei Tarutino erhielt, ließ er sofort die Parade abbrechen. Ségur berichtete: „Bei dieser Nachricht findet Napoleon das erste Feuer seiner Jugend wieder. Tausend Befehle, das Ganze und das Einzelne umfassend, alle verschieden und doch alle ineinandergreifend und zusammenstimmend, alle notwendig, sprudeln aus der Fülle seines Genies. Noch ist die Nacht nicht herangekommen, und schon ist die ganze Armee in Bewegung auf Winkowo. Broussier [General Jean-Baptiste Broussier, Kommandeur der 14. Division im IV. Korps] marschiert auf Fominskoje und Poniatowski [V. Korps] auf Medyn. Ehe der Tag des 19. Oktober anbricht, verläßt der Kaiser selbst Moskau unter dem Ausruf: ‚Auf nach Kaluga, wehe denen, die mir in den Weg kommen!'"

Über 100.000 Mann der Großen Armee verließen Moskau. „Dazu kamen noch Gendarmerie, große Fuhrparks, die Pioniertruppen, die Fahrzeuge der Ambulanzen. Die letzteren waren,

Napoleon auf dem Rückzug

nur für die Mannschaften, an Zahl etwa 8.000", schrieb Caulaincourt. Darunter befanden sich rund 700 Pferde und entsprechend viele Wagen des persönlichen Fuhrparks des Kaisers, die stets einen großen Zeltpark des Hauptquartiers und Vorräte aller Art mitführten. Zu diesem Zeitpunkt waren viele Wagen mit geplündertem Gut und Kriegstrophäen beladen.

Am 20. Oktober 1812 ging die Große Armee auf einem Querweg von der alten auf die neue Straße nach Kaluga über, die weiter westlich verläuft. Kutusow verfolgte diese Bewegung und ließ seine Truppen von Tarutino-Winkowo in einem Bogen nach Malojaroslawez marschieren und dort neue Stellungen beziehen.

Indessen wehrte Marschall Mortier mit der Nachhut russische Angriffe an den Einfallstraßen von Moskau ab. Am 23. Oktober brannte der Kreml. Die letzten Franzosen verließen Moskau.

Um Malojaroslawez kam es am 24. Oktober zu erbitterten Kämpfen. Die Stadt wechselte achtmal den Besitzer. 8.000 Russen und 5.000 Franzosen fielen. Keine Seite konnte für sich den Sieg verbuchen. Der Versuch der Franzosen, eine südliche Rückzugsstraße über Kaluga zu gewinnen, wurde von den Russen vereitelt. Nun war die stark zusammengeschmolzene Große Armee auf den Weg angewiesen, den sie nach Moskau gezogen war. Und der war „leergefressen". Not und Hunger waren vorprogrammiert.

Napoleon hoffte, am nächsten Tag die Schlacht fortsetzen zu können. Beinahe geriet er bei einem verwegenen Kosakenüberfall in Gefangenschaft. Das machte ihn nachdenklich, und er rief den Kriegsrat zusammen. Einige Generale rieten, auf Moschaisk zurückzugehen, weil man dann am schnellsten aus Feindnähe käme und der Straße nach Smolensk folgen könne. Außerdem stand Junots VIII. Korps in Moschaisk und sicherte die Verbindungen der französischen Armee. Andere Generale rieten, über Medyn nach Smolensk zu marschieren, weil das der kürzere Weg sei. Napoleon dachte darüber eine Nacht lang nach und entschied sich am 26. Oktober für den Weg über Moschaisk. Das kam Kutusow entgegen, denn der zog mit seinen Hauptkräften nach Medyn. Indessen begleiteten Kosakenschwärme die Armee Napoleons und versetzten ihr schmerzhafte „Nadelstiche".

Nach schönen Herbsttagen kam am 27. Oktober 1812 der erste Frost. Als Napoleon am 30. Oktober in Wjasma ankam, herrschten acht Grad unter null. Für die Truppen begann ein Leidensweg nie gekannten Ausmaßes. Am härtesten traf es die kälteungewohnten Soldaten aus den südeuropäischen Ländern.

Am 28. Oktober, als Napoleon sein Hauptquartier in Moschaisk hatte, erhielt er von der Nachhut, die Davoût (I. Korps) führte, die Nachricht, daß keine starken Feindkräfte folgen würden, daß aber ein gefangener russischer Offizier ausgesagt habe, daß die russische Hauptarmee über Medyn auf Smolensk marschiere und diese Stadt vor der französischen Armee erreichen werde. Denn der Weg über Medyn war kürzer als der, den die Armee zum Marsch benutzte.

Am 29. Oktober zog Napoleons Armee am Schlachtfeld von Borodino vorbei. 52 Tage waren seit der großen Schlacht vergangen, und noch immer waren viele Gefallene nicht begraben. „Der Anblick war furchtbar", erinnerte sich Steger. „Schweigend und niedergedrückt zog das Heer vorüber." Noch schlimmere Bilder folgten, als die Armee am Kloster Kolotzkoi vorüberzog. Dort lagen noch viele Verwundete, die halb verhungert und ohne ärztliche Versorgung dahinvegetierten. Napoleon befahl, daß jeder

Die französische Armee auf dem Weg zurück nach Westen

Wagen noch einen dieser Armen mitzunehmen habe. Viele starben schon auf den ersten Straßenkilometern, weil sie den Strapazen und der Rüttelei nicht gewachsen waren.

Nach zwei weiteren Tagesmärschen erreichten die Franzosen am 31. Oktober Wjasma, wo zwei Ruhetage eingelegt wurden; auch darum, weil Napoleon hier die russischen Hauptkräfte erwartete, wie ihm inzwischen gemeldet worden war. Kutusow kam aber nicht, sondern zog mit seinen Russen von Medyn nach Smolensk. Als Napoleon darüber Gewißheit hatte, ließ er seine Armee auf der Hauptstraße weitermarschieren. Die Nachhut wurde am 3. November ostwärts Wjasma von Kosaken angegriffen. Es kam zu einem Gefecht, das zu ernster Sorge Anlaß bot. Bei den französischen Einheiten traten erste Auflösungserscheinungen auf.

Marschall Ney, der nun mit dem III. Korps (Franzosen und Württemberger) die Nachhut bildete, ließ Napoleon über die Vorgänge bei Wjasma unterrichten. Napoleon glaubte, daß sich die Russen nun zum Kampf stellen würden, aber Kutusow dach-

111

te nicht daran – noch nicht. Er setzte auf eine Verschärfung des Winters, der ihm ohne viel Blutvergießen den Sieg schenken würde. Viele Kleinigkeiten konnte er ins Kalkül einbeziehen, etwa die Tatsache, daß die Pferde der Großen Armee keine Hufeisen mit Stollen besaßen. Wie sollten so auf vereisten Straßen und an Steigungen die Kanonen und schweren Lasten fortbewegt werden?

Napoleon hoffte immer noch auf eine Schlacht mit den Russen weit vor Smolensk. Die Aufgabe von Moskau ohne kriegerischen Zwang schmerzte ihn sehr. Er dirigierte seine Armee in eine hervorragende Stellung zwischen Slawkowo und Dorogobusch und wartete den ganzen 4. November, aber Kutusow ging nicht in die Falle. Statt dessen fiel der erste Schnee.

Am 5. November hatte Napoleon sein Hauptquartier in Dorogobusch, am 6. in Mikalewka. Caulaincourt berichtete: „Hier erhielt der Kaiser die Nachricht vom Rückzug des Dünakorps auf Sienno und von der Ankunft des Korps des Herzogs von Belluno [IX. Korps, Victor] welche, wie er hoffte, alles ausgleichen würde. Er ließ ihm am nächsten Tage nochmals den Befehl zugehen, Polozk wieder einzunehmen und kündigte ihm gleichzeitig unsere bevorstehende Ankunft in Smolensk an, wo er Stellung beziehen werde."

In Mikalewka erfuhr Napoleon von der Verschwörung in Paris durch den gefangengesetzten General Malet.* Der Fortbestand seiner Herrschaft wackelte. Zudem gärte es in allen unterworfenen Ländern, und die Völker warteten nur auf den Funken, der ihre Befreiung von der französischen Herrschaft auslösen würde. Napoleon entschloß sich zur Rückkehr nach Paris, sobald dies die Kriegsumstände und eine sichere Reise zulassen würden.

Inzwischen brach der Winter voll herein. Hunger, Schnee, Kälte, Eisglätte und Strapazen verursachten den zunehmenden Zerfall der einstmals Großen Armee. „Am 6. November wurde das Schneegestöber dichter und dichter", notierte Steger. „Die Armee marschierte in einen kalten Dunst gehüllt, der immer dichter ward. [...] Man zog dahin, [...] ohne das Ziel zu entdecken. Viele versanken, und die Schwächeren ergaben sich in ihr Schicksal. Der russische Winter erfaßte sie, [...] er drang

---

* Claude François de Malet, 1754–1812, saß wegen seiner republikanischen Gesinnung in Haft, brach in der Nacht von 22. auf den 23. Oktober 1812 aus und versuchte, Soldaten in den Kasernen zum Aufstand aufzuwiegeln, indem er behauptete, der Kaiser sei tot. Er wurde von kaisertreuen Offizieren überwältigt, von einem Militärgericht zum Tode verurteilt und am 29. Oktober 1812 erschossen.

Biwak in Eiseskälte

durch die leichten Mäntel und durch die zerrissene Fußbekleidung. Die nassen Kleider gefroren, die eisige Umgebung ergriff
den Körper und erstarrte die Glieder." 129 Jahre später traf der
unerbittliche Winter die deutschen Soldaten bei ihrem Rückzug
von Moskau auf dieselbe grausame Weise.

In der Absicht, mit den Dünakorps (IX.) in Verbindung zu treten, schickte Napoleon am 7. November das IV. Korps von Dorogobusch in Richtung Witebsk. Beim Übergang über den Wop
bei Duchowszina wurde dem Korps von Kosaken des Hetmans
Platow der Weg versperrt, und es kam zu einem Gefecht. Das
IV. Korps Eugènes – zur Hälfte Italiener – erlitt eine schwere Niederlage. Eugène entschloß sich, nach Smolensk zu marschieren, wo
er am 13. November mit den Resten seines Korps eintraf.

Um die gleiche Zeit (am 9. November 1812) wurde bei Jelnja die Division des Generals Louis Baraguey d'Hilliers (Brigade Augereau, bestehend aus nachgeführtem Ersatz) geschlagen, die die Südflanke der französischen Armee abschirmte.

Den Nordflügel der Armee deckte im Baltikum Macdonald mit seinem X. Korps, darunter preußische Truppen, den Südflügel in Wolhynien Fürst von Schwarzenberg mit Österreichern und das sächsische VII. Korps. An der Düna sicherten das II. und VI. Korps bei Polozk und das IX. Korps in Witebsk. Gegenspieler dieser Korps war General Wittgenstein mit der russischen Düna-Armee.

Bereits am 19. Oktober, als die Franzosen Moskau verließen, räumte Marschall Oudinots II. Korps Polozk vor Wittgenstein und zog sich nach Süden zurück. Am 7. November, als Eugènes IV. Korps bei Duchowszina geschlagen wurde, gab auch Marschall Victors IX. Korps – Berger, Badenser, Hessen und Polen – Witebsk auf. Beide Korps zogen sich nach Süden zurück, um zum Haupttheer Napoleons aufzuschließen.

Im Süden, in Wolhynien, sicherte Schwarzenberg die südliche Flanke und operierte mit seinen Österreichern gegen Admiral Tschitschagows russische Moldau-Armee, die durch den Frieden mit der Türkei* freigeworden war. Nördlich davon marschierte des VII. Korps Generals de Reynier, das zeitweise mit Schwarzenberg zusammenwirkte. Nach Bewegungen und Gegenreaktionen blieben Schwarzenberg und Reynier Anfang November bei Wolkowysk und am Bug stehen. Tschitschagow ließ vor diesen Feindkräften schwache Abteilungen zur Beobachtung zurück und zog mit seinen Hauptkräften nach Minsk. Minsk, das nur eine schwache französische Besatzung hatte, fiel am 16. November. Danach zog die Moldau-Armee zur Beresina weiter.

Um die gleiche Zeit befand sich Kutusow mit der russischen Hauptarmee bei Mogilew, also südlich von Napoleons Rückzugsstraße.

Die polnische Abteilung Dombrowski, die mit Schwarzenberg operiert hatte, zog sich vor Tschitschagow zurück und erreichte am 20. November Borissow, wo sie sich zur Verteidigung einrichtete. Ihr Auftrag lautete, den Übergang über die Beresina für die Hauptarmee offenzuhalten. Ein paar Stunden später traf

---

* Der Russisch-Türkische Krieg von 1806–1812 endete mit einem russischen Sieg und dem türkischen Verzicht auf Bessarabien.

Von Partisanen bedrängte Franzosen in der Rundumverteidigung

Tschitschagow ein, der Dombrowski aus Borissow und dann auf
die Straße nach Orscha zurückwarf.

Vom 9. bis 14. November befand sich die französische Armee in
Smolensk. Seit dem Abmarsch aus Moskau hatte sie zirka 60.000
Mann und über 300 Geschütze verloren. „In Smolensk wurde
sofort mit der Austeilung von Lebensmitteln begonnen. Der Zustand der Magazine entsprach leider weder den Hoffnungen noch
den Bedürfnissen; aber da nur wenige Mannschaften wieder zur
Fahne zurückgekehrt waren, so gab diese Disziplinlosigkeit wenigstens die Möglichkeit, die bei ihrem Truppenteil Verbliebenen
zu ihrem Recht kommen zu lassen", lautete der zynische Kom-
mentar Caulaincourts. Napoleons Hoffnung, in Smolensk und an
der Düna für Dauer Stellung beziehen zu können, wurde durch
die Vorgänge an den Flanken, durch die Aufgabe von Polozk und
Witebsk sowie durch die Niederlage bei Jelnja zunichte.

„Am 14. November verließ der Kaiser Smolensk, nachdem er für
die Nachhut [III. Korps] unter dem Herzog von Elchingen [Mar-

schall Ney], die am selben Abend erwartet wurde, den Bedarf an Mehl sichergestellt hatte. Wir zogen bis Korytnia (25 Kilometer südwestlich von Smolensk), wo wir ziemlich früh eintrafen. Die Straße war sehr bergig und schwierig zu überwinden. Der Weg war eine einzige Fläche von Glatteis […] und schon überall bedeckt mit Pferden, die man aufgegeben hatte, weil sie nicht wieder hochkommen konnten. […] Dem Mangel an Beschlag waren unsere größten [Pferde-] Verluste zuzuschreiben", erinnerte sich Caulaincourt. Bei Korytnia gingen durch Kosakenüberfall Wagen von Napoleons Fuhrpark verloren, darunter der mit dem Kreuz der Iwan-Weliki-Kirche aus dem Moskauer Kreml, das Napoleon als seine persönliche Beute für den Invalidendom in Paris bestimmt hatte.

Am 15. November hatte sich das Korps Mileradowitsch von Süden her bis an die Rückzugsstraße herangeschoben und erwartete die Reste der Großen Armee. Am 16. und 17. November kam es bei Krasnoi zum Waffengang. Für die auseinandergezogenen Korps Napoleons wurde es äußerst kritisch, aber Kutusow zögerte damit, die Hauptkräfte der russischen Armee einzusetzen und verspielte dadurch bei Krasnoi einen vollkommenen Sieg. In große Bedrängnis geriet allerdings Marschall Ney, der Smolensk als Nachhut erst am 17. November aufgab. Ihm verlegten die Russen den Weg. „Alle Kosaken und Russen der Welt", so rief Ney aus, „sollen mich nicht daran hindern, wieder zur Armee zu kommen!" Und er schaffte es mit 6.000 Mann Infanterie, 300 Reitern und 12 Kanonen, die von seinem III. Korps noch übrig waren. Ihm folgten 7.000 Nachzügler ohne Waffen.

Napoleon mußte immer befürchten, daß Kutusow ihn überholen und ihm dann den Weg abschneiden könnte. Er beschleunigte den Marsch der Armee, die am 18. November Liady erreichte, den ersten Ort in Litauen, „Vor Liady", so Caulaincourt, „führte die Straße so steil und tief eingeschnitten herab, war durch die Unzahl von Menschen und Pferden so spiegelglatt poliert, daß wir es machen mußten wie alle anderen und uns auf unserem Hinterteil heruntergleiten ließen, auch der Kaiser. […] Der Kaiser war am 19. November in Orscha angekommen und hatte einen Teil des Tages an der Dnjeprbrücke verbracht. Er hatte die Umgebung der Stadt besichtigt, als hätte er noch daran denken können, die Stadt zu halten. Da jeder Aufenthalt unsere Lage verschlimmern mußte, wurde der Rückzug fortgesetzt."

Inzwischen hatten sich II. und IX. Korps von der Düna zurückgezogen, hart bedrängt von der russischen Düna-Armee Wittgensteins. Während das IX. Korps Napoleons Rückzugsstraße
bei Kolopeniczi erreichte und sicherte, kam das II. Korps über
Kostriza an Borissow heran und eroberte den Ort zurück. Tschitschagows Truppen wurden auf das Westufer der Beresina zu-
rückgeworfen und gingen im südwestlichen Höhengelände zur
Verteidigung über.

Seit Orscha kreisten Napoleons Gedanken um den Übergang
über die Beresina. Alle noch verfügbaren Pioniere wurden zum
II. Korps (Oudinot) in Marsch gesetzt. Da die französische Armee alle Brückenpontons verloren hatte, war sie gezwungen,
Bockbrücken zu bauen. Das brachte große Schwierigkeiten, denn
es gab zu wenig Holz. Napoleon befahl Oudinot, die Dörfer ab-
zureißen und unverzüglich mit dem Bau von drei Brücken zu
beginnen.

In der Nacht zum 24. November ließ Oudinot die Beresina-Ufer
erkunden und entschied sich für den Bau der Brücken bei We-
selowo. Dann aber erhielt er die Nachricht, daß sich bei Studienka eine Furt befände, die günstigere Voraussetzungen für einen
Brückenbau aufwies. Hier begann man dann mit dem Bau von
zwei Brücken. Das Holz mußte herangetragen werden, da keine Fahrzeuge mehr zur Verfügung standen. Die Brückenstelle
konnte von Tschitschagows Beobachtern nicht eingesehen werden. Und um Tschitschagow zu täuschen, wurde bei Borissow
weiter Aktivität vorgetäuscht. Indessen kam der Brückenbau bei
Studienka gut voran, bis sich der Holzmangel hemmend aus-
wirkte.

Die Katastrophe an der Beresina

Die Beresina erschien den Soldaten der französischen Armee wie das Tor in die Freiheit. Die Ordnung zerfiel. Nun hieß es nur noch: Den Letzten beißen die Hunde! Rette sich wer kann!

In Bobr ergriff Napoleon noch einmal strengste Maßnahmen zur Wiederherstellung der Ordnung und Disziplin. Alle Trosse wurden entrümpelt, alle überflüssigen Wagen verbrannt und die Pferde der Artillerie zugeteilt. Die Kavallerie bestand noch aus 150 Reitern – von einstmals vier stolzen Reiterschwadronen, die Marschall Joachim Murat, Schwager Napoleons, befehligte. Dazu kommentierte Ségur: „Der Kaiser bot jetzt noch alle berittenen Offiziere dieser Waffengattung auf und nannte sie seine ‚heilige Schwadron'. Divisionsgenerale dienten darin als Hauptleute."

Am Abend des 25. November traf Napoleon in Studienka ein. Seine Garden gaben ihm Schutz. Im Halbkreis sicherten die Reste der anderen Korps. In der Nacht begab er sich zur Brückenstelle und trieb die Arbeitenden zur Eile an, denn er wußte, daß von drei Seiten Gefahr drohte. Drei Brücken sollten errichtet werden, aber das Holz reichte nicht einmal für zwei.

Tschitschagows Truppen warteten weit verteilt am westlichen Beresinaufer. Sie sahen nicht, was sich bei Studienka tat. Tschitschagow und sein Oberfeldherr Kutusow erwarteten den Übergang der Reste der Großen Armee bei Beresino, da dieser Ort Minsk am nächsten lag.

Am Morgen des 26. November gingen die ersten Reiter der französischen Armee bei Studienka durch den Fluß. 400 Mann Fußvolk wurden auf Flößen übergesetzt; eine Abteilung trieb die Russen nach Süden zurück, eine andere drang nach Norden bis

Übergang über die Beresina

Zembin vor und nahm mehrere Übergänge über Sumpf und Bä-
che unzerstört in Besitz. Am Spätnachmittag war die zweite Brücke
fertig. Die Brückenstelle wurde nach Westen hin weiträumig gesichert.

Nun drängte Napoleon, daß auch die anderen Korps heran-
kommen und übergehen sollten. Eile war geboten, denn von
Nordosten kam nun auch Wittgenstein und erreichte am 26. November Kostriza, 15 Kilometer nördlich der Brückenstelle. Ein
energischer, schneller Vorstoß auf Studienka hätte Napoleons
Armee in große Bedrängnis gebracht, aber der General, dessen
Stab Major Carl von Clausewitz angehörte, schätzte die Stärke
der Franzosen auf 90–100.000 Mann, während er nur über 30.000
Mann verfügte. Diese Fehleinschätzung war eine jener großen
Unbekannten eines Krieges, die dem Gegner zum Vorteil ge-
reichte.

Um die gleiche Zeit kam das IX. Korps von Witebsk westlich
von Bobr an die Rückzugsstraße heran. Das noch ziemlich intak-
te Korps des Marschalls Victor wurde vom Rückzugschaos an-
gesteckt. Victor griff eisern durch, zumal er auch von Napoleon

den Befehl erhalten hatte, alle Nachzügler vor sich herzutreiben und die Nachhut zu übernehmen. Das Korps kam über Dubena nach Studienka und rückte in die Stellungen der Garden ein, die mit Napoleon am 27. November über die Beresina gingen. In Borissow blieb die Division des Generals Louis Partouneaux als Sicherung.

Während Victor bei Studienka und Partouneaux bei Borissow den Flußübergang der französischen Armee deckten, erreichte Wittgenstein mit vordersten Teilen seiner Düna-Armee die Höhen zwischen Borissow und Studienka. Jetzt erst erkannte Wittgenstein die Vorgänge richtig. Und weder Victor noch Partouneaux bemerkten, was zwischen ihnen vor sich ging. In der folgenden Nacht wurde die französische Division des Generals Partouneaux von den russischen Truppen Wittgensteins vernichtet. Die Nachricht davon löste an der Brückenstelle von Studienka ein Chaos aus.

Ohne Ordnung, dem Selbsterhaltungstriebe folgend, wälzten sich Menschen und Pferdegespanne über die Brücken, die einige Male brachen. Menschen und Tiere versanken hilflos in den eisigen Fluten.

Jetzt erst erkannten die Russen, die auf dem Westufer der Beresina standen, die richtige Übergangsstelle bei Studienka. Tschitschagow griff mit seinen 27.000 Russen die 8.000 Franzosen und Württemberger des II. und III. Korps an – und wurde von diesen zurückgeschlagen. Hören wir dazu Caulaincourt: „Am Morgen des 28. November wurden die Vorposten des Herzogs von Reggio [II. Korps unter Oudinot] durch Tschitschagow [Befehlshaber der russischen Moldau-Armee) so heftig angegriffen, daß das III. und V. Korps [Ney und Poniatowski] ihm zu Hilfe kommen mußten. Einige Stunden lang wurde ohne Entscheidung gekämpft. Der Herzog von Reggio [Oudinot] wurde verwundet. Der Kaiser, der sich an den Kampfort begeben hatte, ersetzte ihn sofort durch den Herzog von Elchingen [Ney]. Eine Attacke der Kürassiere der Division [des Generals Jean-Pierre] Doumerc entschied den Kampf zu unseren Gunsten. Das an der Spitze der Brigade [des Generals Sigismond Frédéric de] Berckheim kämpfende 7. Regiment griff im hügeligen Waldgelände eine dicht gedrängte Infanteriekolonne an und warf sie zurück. Die daraus entstehende Verwirrung zwang die Russen zum Rückzuge; sie ließen in

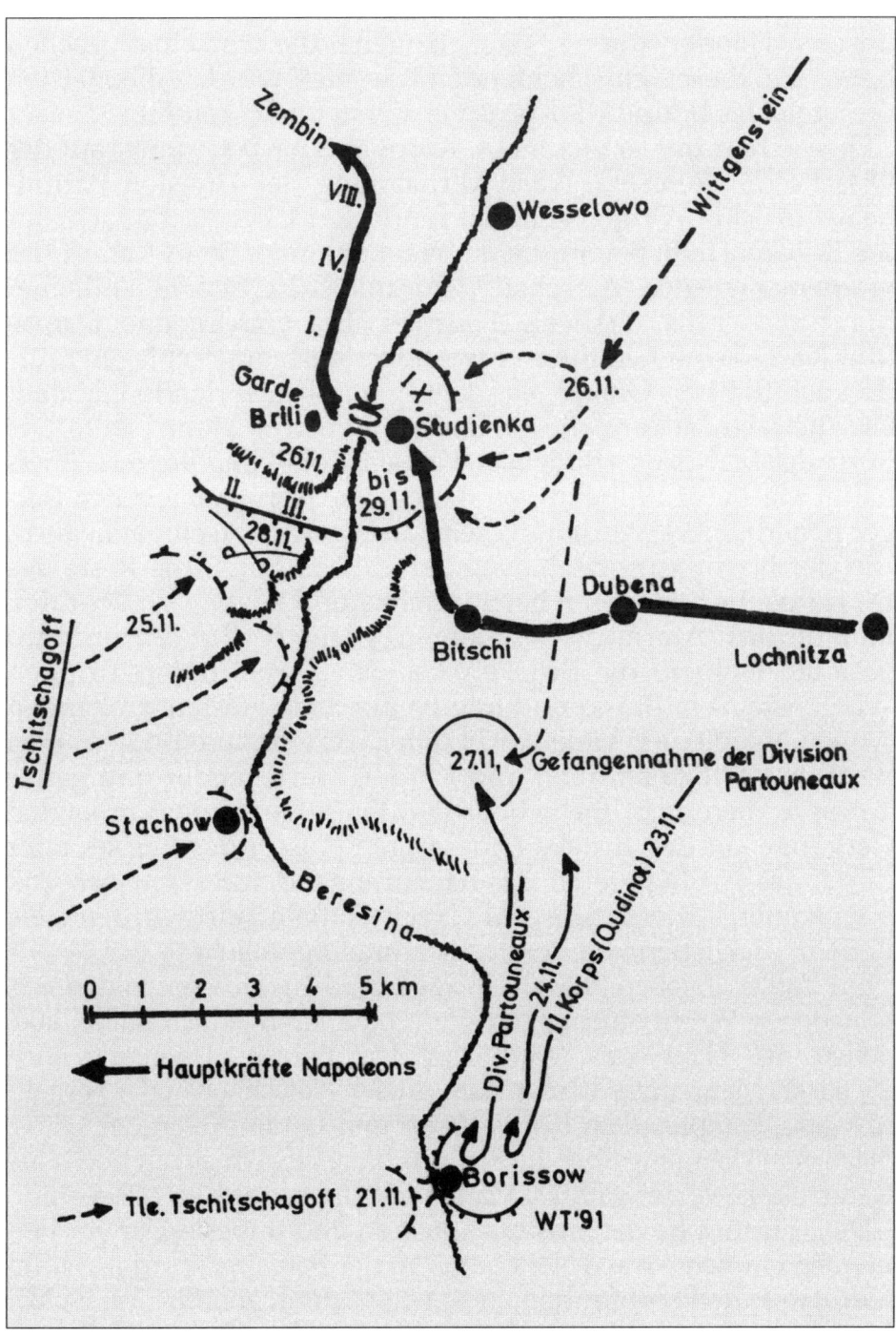

Kartenskizze 8: Der Übergang der Großen Armee über die Beresina

unseren Händen über 1.500 Gefangene, die ich selbst gesehen habe." Bei diesen entscheidenden Kämpfen wurden die meisten Generale des II. und III. Korps verwundet oder getötet.

Ebenso hart traf es Victors IX. Korps (noch 6.000 Mann) auf der Ostseite der Beresina. Nach Vernichtung der Division Partouneaux drückte Wittgenstein mit fünffacher Übermacht nach, um die Brückenstelle bei Studienka einzunehmen. Beim Kampf um Studienka wurden Marschall Victor und seine Generale Étienne-Maurice Gérard, François Fournier, François-Étienne Damas und Jean-Joseph Gauthier verwundet. Stark angeschlagen wurde auch die von Oberst Jean Genty geführte Brigade aus dem Großherzogtum Berg, die am Ende nur noch 60 Mann zählte. Die Reste des IX. Korps – Badenser, Hessen, Polen und Berger – übernahm Markgraf Wilhelm von Baden. Die übriggebliebenen Berger (Oberberger) wurden in die badische Brigade eingegliedert.

In der Nacht zum 29. November 1812 räumten die Reste des IX. Korps die Stellungen bei Studienka und zogen sich über den Fluß zurück. Am nächsten Morgen, gegen 9 Uhr, setzten französische Pioniere die Brücken vor den anrückenden Truppen Wittgensteins in Brand und folgten der nach Westen strebenden Armee Napoleons. Viele Nachzügler, Verwundete und Kranke, Zivilisten, Offiziersfrauen und Kinder, Marketender und ganze Trosse kamen nicht mehr über den Fluß. Sie fanden im letzten Gedränge auf den Brücken, im eisigen Wasser des Flusses oder durch das Artilleriefeuer der nachdrängenden Russen den Tod oder kamen in Gefangenschaft. Nach Caulaincourt wurden viele der Unglücklichen von den Russen niedergemacht.

Die Zahlenangaben über die Truppenstärken variieren in den verschiedenen Veröffentlichungen stark. Man kann jedoch davon ausgehen, daß Napoleons Armee vor dem Beresina-Übergang noch 25–30.000 Mann unter Waffen hatte – nach Aufschließen der verhältnismäßig kampfstarken Korps Victor und Oudinot von der Düna. Nach dem Übergang über die Beresina hatte die Armee nur noch eine Kampfstärke von etwa 7.000 Mann Fußtruppen und 1.500 Reitern.

Die Katastrophe der einstmals stolzen und unbesiegbar erscheinenden Großen Armee Napoleons an der Beresina wurde weithin als Gottesurteil empfunden. Es entstand der legendäre Vers: „Mit Mann und Roß und Wagen hat sie der Herr geschlagen!"* Diesen

---

* Eigentlich: Mit Mann und Roß und Wagen, so hat sie Gott geschlagen, Refrain eines mehrstrophigen Liedes des Berliner Dichters Ernst Ferdinand August (1795–1870) von 1813, das er beim Anblick des Zuges der französischen Rückkehrer aus Rußland durch Berlin spontan dichtete.

Ausspruch zitierte 130 Jahre später Adolf Hitler nach den deutschen Siegen gegen Polen und Frankreich.

Die Ereignisse an der Beresina erlebte der preußische Major Carl von Clausewitz im Stabe Wittgensteins. Er schrieb in seinem Buch *Der russische Feldzug von 1812* über die Vorgänge an der Beresina: „Wittgenstein schätzte die Franzosen auf 90–100.000 Mann ein, während er nur über 30.000 verfügte. So kann man die Vorsicht verstehen, die Wittgenstein an den Tag legte. Niemals war der Fall möglicher und leichter, eine Armee zum Kapitulieren im offenen Felde zu bringen als hier [an der Beresina]. Napoleon wurde durch Zufälle begünstigt, u.a. daß er noch eine geeignete Stelle für den Übergang fand. Aber auch der Ruf seiner Waffen ließ Wittgenstein und Tschitschagow zögern. Mit dieser moralischen Macht war Bonaparte ausgestattet, als er sich aus einer der schwierigsten Lagen zog, in welcher sich je ein Feldherr befunden hat. Aber freilich machte diese moralische Potenz nicht alles; die Stärke seines Geistes und die kriegerischen Tugenden seines Heeres, die auch von den zerstörendsten Elementen nicht hatten ganz überwunden werden können, mußten sich hier noch einmal in vollem Glanze zeigen. Die Ehre hatte Napoleon hier vollkommen gerettet und sogar neue erworben, aber das Resultat war darum doch ein großer Schritt zum gänzlichen Untergang seines Heeres. Was von diesem Heer in Kowno angekommen, wissen wir und daß die Beresina der letzte Hauptstoß gegen dieses Resultat war."

123

Dezember 1941 – Der russische Gegenschlag

Im Oktober 1941 wurde Armeegeneral Schukow von Stalin zum Oberbefehlshaber der „West-Front" ernannt. Schukow hatte im Sommer die Abwehr an der Rollbahn Smolensk–Moskau und bei Jelnja organisiert und war danach „Krisenmanager" an der Leningrader Front. Georgij Schukow war ein erfolgreicher Heerführer und verstand es, im Laufe des Krieges die operativ-taktischen Grundsätze der deutschen Wehrmacht für die Rote Armee zu adaptieren. Dies in Verbindung mit der massiven quantitativen Überlegenheit war der Grund für die militärischen Erfolge der Sowjets in der zweiten Kriegshälfte. Die russische Seite profitierte von diesen Impulsen und unternahm größte Anstrengungen zur Verteidigung von Moskau – auch psychologisch. Am Abend des 6. November 1941 wurde in der Moskauer Metro-Station „Majakowskaja" eine Festsitzung zum 24. Jahrestag der „Großen Sozialistischen Oktoberrevolution" abgehalten, bei der Stalin eine Festrede hielt und die Moskauer zum Durchhalten und zur unbedingten Verteidigung der Hauptstadt aufrief. Am nächsten Tag fand auf dem Roten Platz eine große Militärparade statt. Im Anschluß daran zogen die Truppen direkt an die Front.

„In den ersten Dezembertagen 1941 spürte man an der Kampfweise und an der Stärke der Angriffe, daß die Truppen des Gegners erschöpft waren", urteilte Schukow in seinen *Erinnerungen und Gedanken*. „Als der Feind das Unternehmen ‚Taifun' plante, beging er einen großen Fehler bei der Kalkulation der Kräfte und Mittel. Er hatte die Möglichkeiten der Roten Armee erheblich unterschätzt und die eigenen Truppen überschätzt. Diese Truppen besaßen nur so viel Kraft, um unsere Verteidigungsstellungen im Raum Wjasma und Brjansk zu durchbrechen und die Kräfte

der ‚West-Front' und der ‚Kalinin-Front' auf die Linie Kalinin–
Jachroma–Krasnaja Poljana–Krjukowo–Nara- und Oka-Fluß–
Tula–Kaschira–Michailow zurückzudrängen. […] Der Gegner
konnte die zweite Phase der Operation nicht mehr vollenden."
Wenn man von den propagandistischen Verbrämungen absieht
und außer acht läßt, daß die russischen Truppen – im Gegensatz
zu den deutschen – ständig Verstärkungen erhielten, die ihre
horrenden Verluste wettmachten, zeichnete Schukow hier ein
realistisches Bild der Lage. Interessant sind auch seine Ausführungen über sein Verhältnis zu Stalin und der „Stawka", dem sowjetischen Oberkommando. Daraus wird ersichtlich, daß Stalin
im Politischen wie im Militärischen alles bestimmte und keinen
Widerspruch hinnahm.

Bereits Mitte November wurde in der obersten sowjetischen
Führung der Plan eines Gegenschlages diskutiert. Am 30. November 1941 legte der sowjetische Generalstabschef, Marschall
Boris Schaposchnikow, den Operationsplan für die Gegenoffensive vor, den Stalin und Schukow billigten. Grundgedanke des
Planes war: Durchbrüche an den Flügeln und einkesseln! Dabei
handelte es sich um das bewährte Rezept der Wehrmacht.

Wie war die Ausgangslage der Heeresgruppe Mitte Anfang
Dezember 1941? Die 9. Armee schirmte den weit vorspringen-
den Nordflügel ab und hielt eine 170 Kilometer lange Front von
Ostaschkow am Seliger-See entlang dem Oberlauf der Wolga
über Kalinin bis zum Moskauer Meer. Rechts daneben schlossen
3. und 4. Panzergruppe entlang des Moskwa-Wolga-Kanals und
der nordwestlichen Außenbezirke von Moskau an. Von der Rollbahn bis Serpuchow stand die 4. Armee. Den Sack von Tula hielt
die Panzergruppe 2 umschlossen, und im Anschluß daran stand
bis Jelez die 2. Armee.

Der Heeresgruppe Mitte standen Anfang Dezember 17 russische
Armeen und starke Fliegerkräfte gegenüber – 88 Schützen- und
15 Kavallerie-Divisionen sowie 24 Panzerbrigaden. Die Heeresgruppe Mitte verfügte über 60 allerdings stark geschwächte Divisionen. Nach russischen Angaben betrug (rein numerisch) das
Kräfteverhältnis bei Beginn der Gegenoffensive 1:1,5 zugunsten
der Roten Armee. Exakte Angaben sind nicht möglich. Allzu oft
wurde auf dem Papier mit Verbänden operiert, die keine mehr
waren, deren letzte Stärke- und Waffenmeldungen längst nicht

mehr zutrafen. Das betraf auch die Gegenseite, deren Armeen ohnehin nur mit deutschen Armeekorps gleichzusetzen waren.

Am 5. Dezember 1941 begann die russische Gegenoffensive nördlich und nordwestlich von Moskau. Vier Armeen von Generaloberst Iwan Konjews „Kalinin-Front" berannten die 9. Armee bei Kalinin.

Südlich davon trat der Nordflügel der „West-Front" mit fünf Armeen an, um die Frontausbuchtung ostwärts von Klin – der stärksten Bedrohung von Moskau – einzudrücken.

Am 6. Dezember trat dann auch der Südflügel der „West-Front" zum Angriff mit dem Ziel an, den Sack von Tula zu beseitigen. Wie Schukow festhielt, sollte der erste Offensivschlag die unmittelbare Bedrohung Moskaus beseitigen und die Deutschen so weit wie möglich zurückdrängen. An weiterführende Operationen war noch nicht gedacht. Die sollten sich erst aus Erfolgen der ersten Angriffsphase ergeben.

Gleich nach Beginn der russischen Gegenoffensive befahl der Oberbefehlshaber der deutschen Heeresgruppe Mitte den Panzergruppen 3 und 4, die Angriffe einzustellen und zur Verteidigung überzugehen. Er billigte auch Guderians Entschluß, den Sack von Tula aufzugeben und die Don–Schat–Upa-Linie westlich von Tula zu beziehen.

Die Panzergruppen 3 und 4 nahmen ihre Frontvorsprünge vor Moskau zurück und hielten die Linie Kalinin–Klin–Istra. Gegen diese Linie rannten die Russen immer wieder an; sie wurde im wesentlichen bis zum 8. Dezember gehalten. Hierzu bemerkte Schukow: „Erst nach zehn Tagen beharrlicher Kämpfe begannen unsere Truppen vorzurücken."

Ein Schwerpunkt war Klin. Klin und den Kliner Bogen hielt General Ferdinand Schaals LVI. Panzerkorps. Die 30. Sowjet-Armee griff an, umfaßte die Stadt und sperrte die Rückzugsstraße des Korps westlich von Klin. Und von Osten, also frontal, griff die 1. Stoß-Armee an. Die Lage wurde bedrohlich. Schaal löste aus seiner Ostfront die 1. Panzerdivision heraus, und das XXXXI. Panzerkorps machte die 2. Panzerdivision frei; beide Divisionen zerschlugen die Feindkräfte bei Klin und hielten die Straße nach Rschew offen, aber der Kampf um Klin ging weiter. Ein neuer Durchbruch russischer Kräfte südlich von Klin bei der 23. Infanteriedivision – an der Naht der beiden Panzergruppen – ließ

Stalin und sein Generalstabschef Schaposchnikow

56 ✗ deutlich erkennen, daß das LVI. Panzerkorps im Raum Klin eingeschlossen werden sollte. Die Deutschen wehrten sich verzweifelt und schlugen alle Angriffe zurück. Unter Aufbietung aller Kräfte wurde Klin als Wellenbrecher und Zuflucht für Versprengte gehalten. Es waren die Stunden und Tage der Kampfgruppen der 14. und 36. motorisierten Infanteriedivision, der Kampfgruppen der 1., 2., 5. und 7. Panzerdivision, des Panzerpionier-Bataillons 37, des Kradschützen-Bataillons 1, des Schützenregiments 1 unter Oberst Franz Westhoven, des Panzerregiments 25 unter Oberst Eduard Hauser, des Infanterieregiments 53 (mot.) und des Panzerregiments 3. Endlich, am 13. Dezember, genehmigte Hitler die Aufgabe der Stellungen ostwärts von Klin. Doch der Kampf um Klin ging weiter. Die Räumung der Lager und Lazarette, die Rückführung der Trosse und Versorgungstruppen entwickelte sich unter härtesten Winterbedingungen dramatisch. Als es geschafft war, wurde westlich von Klin eine Aufnahmestellung vorbereitet und teilweise besetzt. Am 14. und 15. Dezember 1941 gab die Kampfgruppe von Oberst Hauser der 7. Panzerdivision Klin schrittweise auf. Stab und Gruppen des Infanterieregiments 53 (mot.) sowie eine Panzerkompanie unter Führung des Kommandeurs der 2. Panzerdivision Generalleutnant Rudolf Veiel hielten das brennende Klin noch bis 21 Uhr (15.12.), dann wurde die Brücke gesprengt, und die Nachhut setzte sich nach Westen ab. Eine Aufnahmestellung bei Nekrasino nahm auch die letzten Kräfte der Kliner Schlacht auf. Auf der Straße Klin–Rschew blieben schwere Waffen und Fahrzeuge aller Art gesprengt zurück. Für die russische Propaganda willkommene Objekte für die Dokumentation ihrer Erfolge.

Um die gleiche Zeit errang die „Kalinin-Front" des Generalobersten Konjew bei Kalinin und an der oberen Wolga erste Erfolge. Nach wechselvollen Kämpfen wurde Kalinin am 15. Dezember von der 9. Armee geräumt. Erste Frontlücken taten sich auf, die aus Kräftemangel nicht mehr geschlossen werden konnten. Sie wurden Ansatzpunkte für russische Stöße nach Süden.

Im Südwesten von Moskau erfolgte eine ähnliche Entwicklung: Am 10. Dezember durchbrach die „Südwest-Front" (später wieder umbenannt in „Brjansker Front") des Generalobersten Jakow Tscherewitschenko die Stellungen der 2. Armee bei Liwny. Zwischen der 2. Armee und der Panzergruppe 2 entstand eine

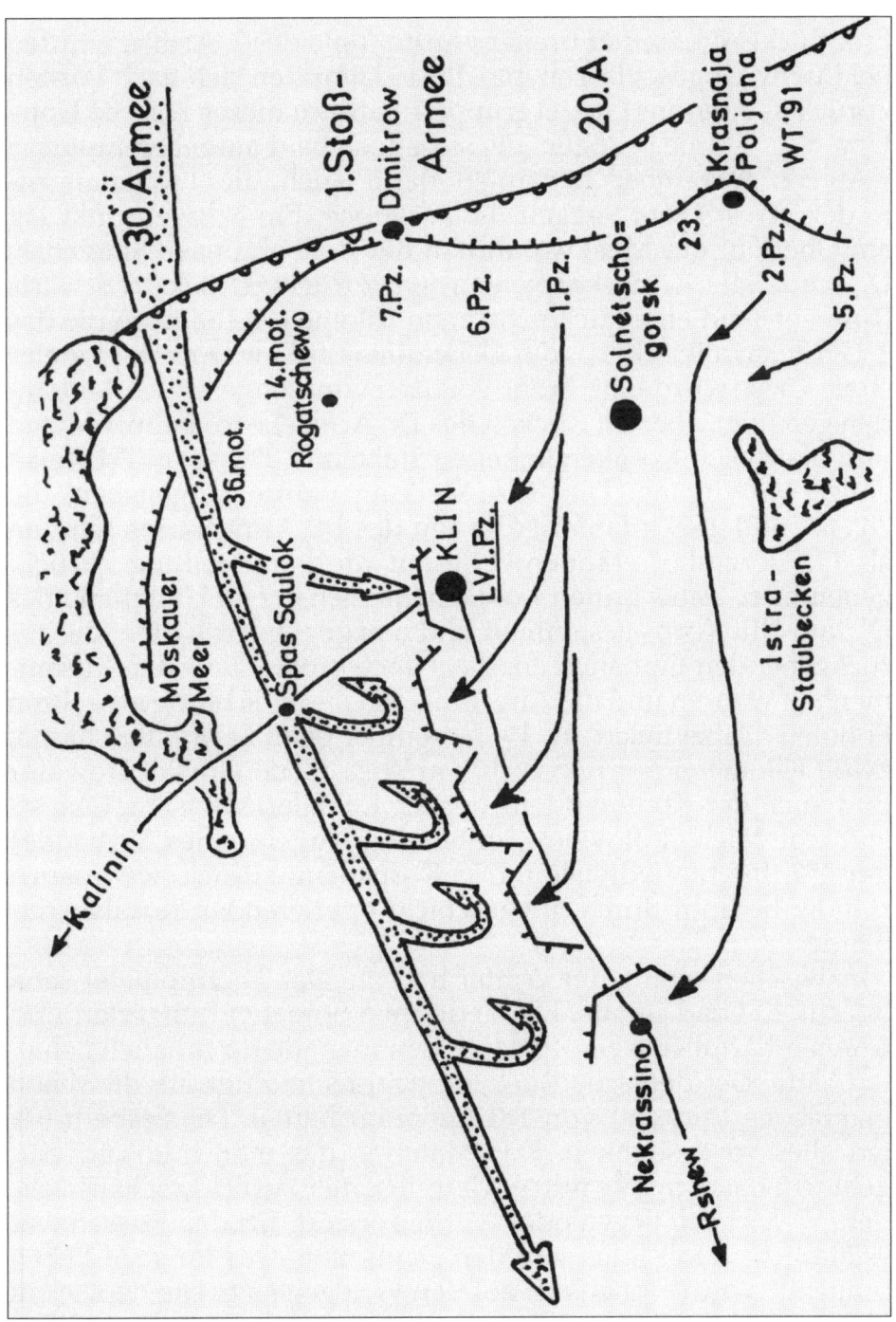

Kartenskizze 9: Kampfraum Klin

Frontlücke, die immer breiter wurde. Teile der 2. Armee wurden bei Liwny eingeschlossen, nur Reste kämpften sich nach Westen zurück. Guderians Panzergruppe 2 hatte zu dieser Zeit die Don–Upa–Schat-Linie bezogen, die sie jedoch bald aufgeben mußte.

Ab 12. Dezember begannen dann auch die Frontalangriffe der „West-Front" gegen die 4. Armee. Ein Schwerpunkt lag am Oberlauf der Moskwa und an der Rollbahn nach Smolensk; IX. und VII. Armeekorps wurden zurückgedrückt. Ostwärts Rusa entstand eine Lücke von zehn Kilometern Breite, in die das 2. Gardekavalleriekorps des Generalmajors Lew Dowator hineinstieß. Zwar wurde die Front von den vorn eingesetzten Verbänden gehalten, aber im Rücken des IX. Armeekorps beunruhigten und überfielen Kosakeneinheiten Stäbe und Trosse und stifteten einige Verwirrung. Die Rusa-Stellung wurde aufgegeben, die 78., 87. und 252. Infanteriedivision des IX. Armeekorps wurden ab 12. Dezember etappenweise auf die Istra-Stellung zurückgenommen. Dabei griffen Kosaken, die sich tief im Hinterland des IX. und VII. Korps gesammelt und neu gegliedert hatten, die zurückgehenden Einheiten an, die jedoch größtenteils den Zusammenhalt wahren und die Angriffe und Überfälle blutig abwehren konnten. Dabei fielen am 19. Dezember beim Dorf Palaschkino, zwölf Kilometer nordwestlich von Rusa, Generalmajor Dowator und auch der Kommandeur der 20. Kavalleriedivision, Oberstleutnant Michail Tawlijew, unter den Kugeln eines Verbandes der 252. Infanteriedivision. Das Korps kam zurück, wenn auch ständig bedroht durch die geschickt operierenden Kosakenverbände.

Inzwischen schlug der Winter hart zu. Das Thermometer sank bis auf 40 Grad minus. Die deutschen Soldaten hungerten und froren erbärmlich – ein Zustand, den man nie für möglich gehalten hätte. Der deutsche Rückzug nahm jene Züge an, die schon Napoleons Rückzug von 1812 geprägt hatten. Die Stäbe mußten alles vorausdenken. Das Material, das man mühsam vorgebracht hatte, mußte nun noch mühsamer zurückgeschafft werden. Vieles blieb liegen oder wurde zerstört. Bei den Russen war es ähnlich. „Holt Euch von den Deutschen, was Ihr zum Leben braucht!" wurde ihnen mit auf den Weg gegeben. Die deutschen Nachschublager hatten eine anziehende Kraft. Dasselbe galt für die Deutschen: Aus Mangel an Winterkleidung nahm man den

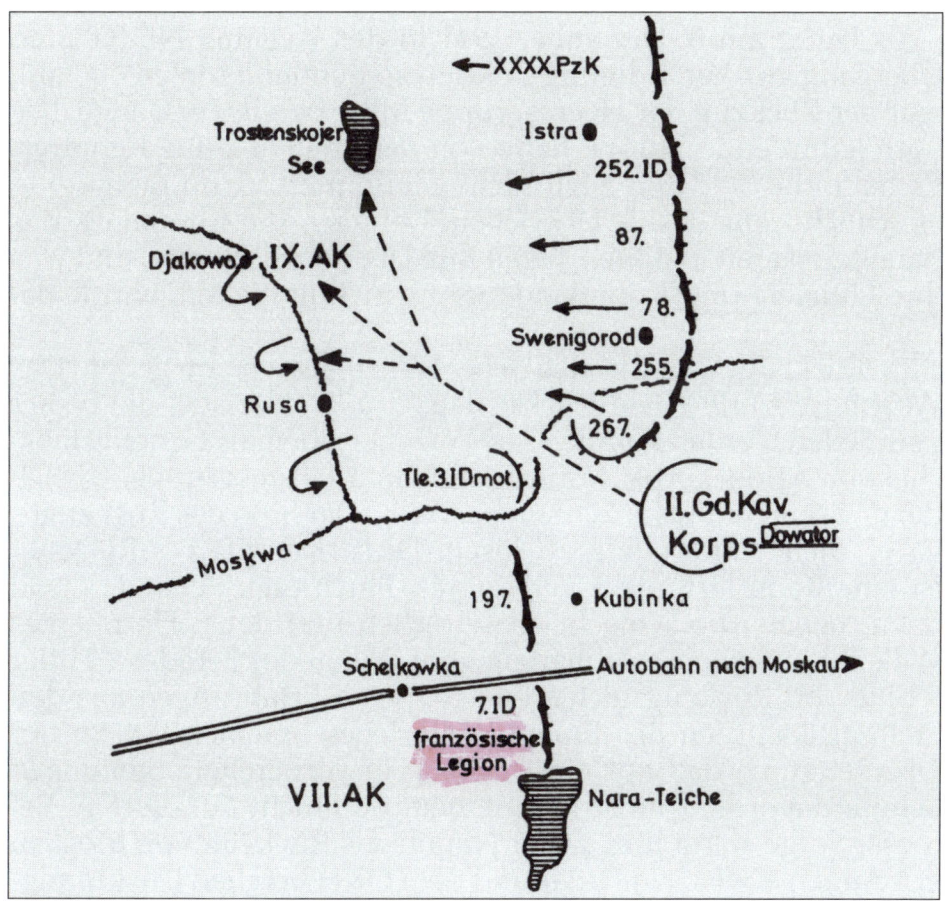

Kartenskizze 10: Durchbruch des II. Garde-Kavallerie-Korps

gefallenen, gut ausgerüsteten Sowjetsoldaten ihre Wattejacken, Pelzmützen und Filzstiefel ab. Viele Kämpfe wurden um windschiefe Katen geführt, deren Besitz immerhin für einige Zeit schützendes Obdach vor eisiger Kälte bot. Am schlimmsten traf es die deutschen Verwundeten. Ärzte und Sanitäter wurden zu stillen Helden. Ein Beispiel: Als die Istra zur Frontlinie wurde, mußten noch 1.500 Verwundete vom Hauptverbandplatz des XXXX. Panzerkorps aus der Stadt Istra zurückgeschafft werden, zum Teil schwere Fälle. Fahrzeuge aller Art wurden dazu herangezogen. Die Evakuierung gelang, aber viele Schwerverwundete überlebten die Strapazen auf schlecht gefederten Wagen und ausgefahrenen Wegen nicht.

Als Hitler am 8. Dezember 1941 in der Weisung Nr. 39 „den Übergang zur Verteidigung in kräftesparenden Fronten" befahl, war der Rückzug der Heeresgruppe Mitte bereits im Gange. Die vorn kämpfende Truppe hatte von dem Befehl keine Kenntnis. Es hätte die Soldaten auch nicht gekümmert, denn ihnen ging es schlicht ums nackte Überleben. Der Zug, die Kompanie, das Bataillon waren in diesen Tagen ihre Überlebenschance, und was ihre Offiziere und Kommandeure für richtig hielten, wurde befolgt.

Im Rückzug war die deutsche Wehrmacht nicht geübt. Das Wort implizierte einen Rückschlag, eine Niederlage, die bisher vermieden werden konnte. Carl Wagener, ehemals Generalstabschef von Armeekorps, Armeen und einer Heeresgruppe, schrieb dazu in seinem Buch *Heeresgruppe Süd*: „Der Sinn des Rückzuges ist es, sich vom Feinde zu lösen. Diese Kampfart – Rückzug ist eine Kampfart, nicht Verhängnis, Fluch oder Schande – soll dazu dienen, die Schlacht abzubrechen und dabei Herr seines Willens zu bleiben, unabhängig vom Willen des Feindes." Hitler wollte von Rückzug nichts wissen. Seine Erfahrungen aus den Stellungskämpfen des Ersten Weltkrieges brachten ihn zu der Überzeugung, daß nur ein Rückzug in vorbereitete Stellungen Schutz davor bot, nicht in eine heillose Flucht auszuarten. Bei dieser Sorge stand ihm sicher Napoleons Rückzug von Moskau vor Augen. Zwischen Hitler und dem OKH brachen Unstimmigkeiten auf. Am 19. Dezember 1941 bat der Oberbefehlshaber des Heeres, Generalfeldmarschall Walther von Brauchitsch, um seine Entlassung, die Hitler genehmigte. Sofort übernahm er selbst den Oberbefehl über das Heer.

Vom 22. bis 31. Dezember wurden die Istra-, die Grjada- und Rusa-Stellung gehalten. Die Linien mit Großbuchstaben – mit den Namen „Augsburg", „Coburg", „Dresden", „Essen" – wurden zwischenzeitlich besetzt und gehalten, bis Hitlers Haltebefehl den „planmäßigen Absetzbewegungen" weit vor der Linie „Königsberg" ein Ende setzte.

Hitlers Haltebefehl und sein direktes Eingreifen als Oberbefehlshaber weckte, wie man heute weiß, bei vielen Soldaten ungeahnte psychische und physische Reserven. Heinz Magenheimer urteilt: „Der Haltebefehl entsprang nicht etwa einem Starrsinn Hitlers, sondern entsprach der Ausnahmesituation, in der sich […] das gesamte Ostheer befand. Wie im nachhinein von vielen Seiten eingeräumt wurde, bot Hitlers Befehl damals den einzigen Ausweg, einer wahrhaft Napoleonischen Katastrophe entgegenzuwirken."*

In diese Rückzugsbewegung in der Mitte der Heeresgruppe platzte am 2. Januar 1942 bei den Stäben die Nachricht von einem neuen russischen Durchbruch am Nordflügel der Heeresgruppe Mitte. Nördlich von Rschew hatte die 39. Armee der „Nordwest-Front" das deutsche XXIII. und VI. Armeekorps der 9. Armee voneinander getrennt und war westlich an Rschew vorbei nach Süden vorgestoßen. Das XXIII. Armeekorps wurde westlich Rschew größtenteils eingeschlossen. Der Stoß der 39. Armee richtete sich auf Wjasma. Weiter westlich waren die Stellungen der 22. Armee durchbrochen worden; die feindlichen Spitzen näherten sich Bely. Diese Durchbrüche waren Ansätze zu einer inneren Zange, die sich bei Wjasma schließen sollte. Der andere Zangenarm wurde bei Kaluga angesetzt.

Um die gleiche Zeit wurde die „Nordwest-Front" mit drei Armeen offensiv und trennte am Seliger See die Heeresgruppen Nord und Mitte voneinander. Cholm, Welikije Luki, Toropez und Welisch wurden Brennpunkte der äußeren Zange. Demjansk und Cholm wurden eingeschlossen und bis zum Entsatz im Frühjahr 1942 gehalten. Diese Großoffensive zielte auf Smolensk. Der andere äußere Zangenarm wurde aus dem Raum Liwny angesetzt. Die stärkste Bedrohung der Heeresgruppe Mitte bildeten die Durchbrüche bei Rschew und Suchinitschi.

Am 12. Januar 1942 standen die Spitzen der 39. Armee in Sytschewka und räumten das deutsche Verpflegungslager am Bahnhof aus. Am gleichen Tage übernahm General Walter Model die 9. Armee. Mit der ihm eigenen Tatkraft und Energie ging er die Sache an. Zunächst ordnete er Umgruppierungen von weniger bedrängten Frontabschnitten in den Raum südwestlich von Rschew an. Von der 4. Panzerarmee wurden das XXXXVI. Panzerkorps und die SS-Division „Reich" zugeführt. Mit den Verstärkungen hieß es nun: Angreifen und die Initiative zurückgewinnen! – Das war Models Rezept. Die Russen wurden bei Sytschewka zurückgedrängt und die Front an der Wolga wieder geschlossen.

Ähnlich hatte sich die Südzange, der innere Zangenarm, entwickelt. Am 19. Dezember erfolgte ein Durchbruch des I. Gardeka-

---

* Heinz Magenheimer, Moskau 1941, S. 212.

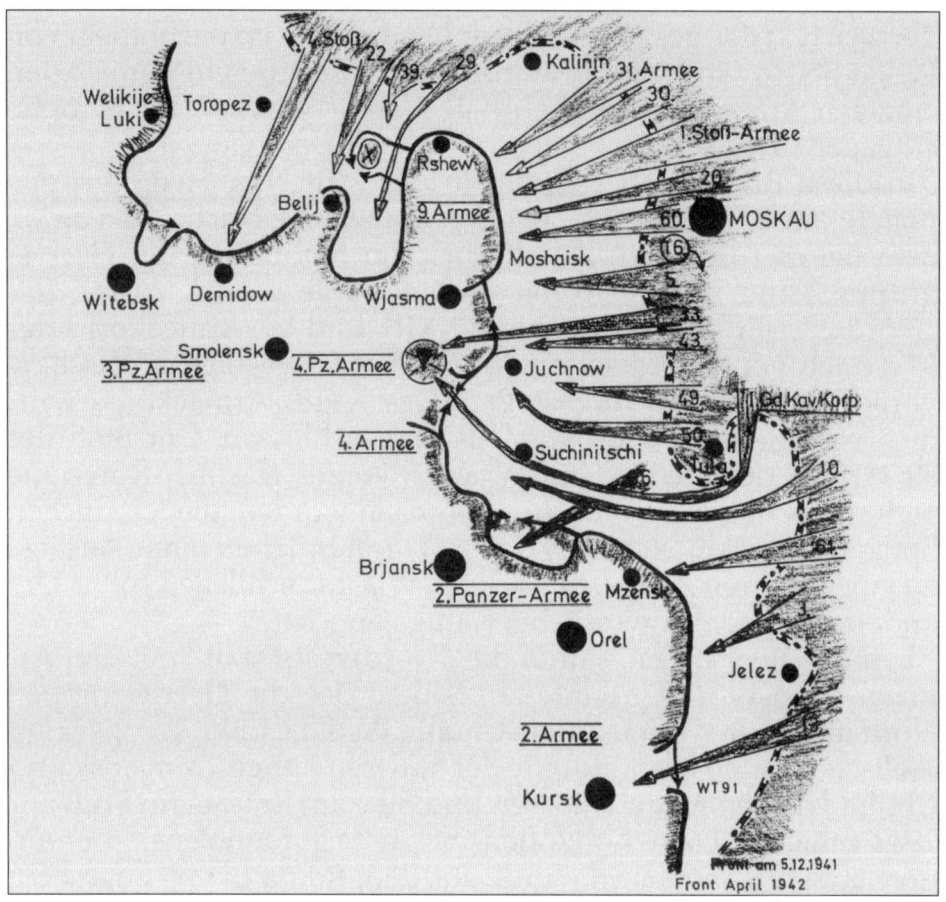

Kartenskizze 11: Heeresgruppe Mitte, Dezember 1941 bis April 1942

valleriekorps aus dem Sack von Tula auf Suchinitschi. Das von der 2. Panzerarmee abgespaltene XXXXIII. Armeekorps des Generals Gotthard Heinrici zog sich auf das bedrohte Kaluga zurück.

Ab 12. Dezember 1941 begannen auch die Frontalangriffe der „West-Front" mit neun Armeen gegen die deutsche 4. Armee. An der Moskauer Rollbahn riß die Verbindung zwischen dem IX. (4. Panzerarmee) und VII. Armeekorps (4. Armee), und es entstand eine Lücke von zehn Kilometern Breite. Erst an der Rusa konnte das IX. Armeekorps mit umgebogenem Südflügel den Einbruch abschirmen. In diese Lücke drängten die 5. und 33. Sowjet-Armee hinein.

Südlich davon überschritten die 43. und 49. Armee Nara und Oka im Raum Serpuchow. Bei Alexin griffen 50. und 10. Armee in Richtung Kaluga an. Die Front der 4. Armee brannte lichterloh – wenn man von einer Front überhaupt noch sprechen konnte. Es war eine durchlöcherte, nur noch aus Stützpunkten bestehende Front. Der Winter setzte den Deutschen genau wie den Russen zu, und aller Kampf galt im Grunde warmen Unterschlupfen. Die Dörfer waren Brennpunkte der Front.

Unter dem 18. Dezember 1941 lesen wir im KTB des OKW: „Im Raum westlich von Moskau setzte der Gegner seine Durchbruchsversuche mit Schwerpunkt westlich von Serpuchow und südlich der Rollbahn, sowie an der Straße Moskau–Wolokolamsk mit unverminderter Heftigkeit fort."

General Ludwig Kübler

Generalfeldmarschall von Bock schickte eine Hiobsmeldung nach der anderen ins Führerhauptquartier und drängte auf eine Zurücknahme der Front in eine Winterstellung zwischen Rschew und Orel. Hitler schickte den der Krise nicht gewachsenen Oberbefehlshaber auf eigenen Wunsch in den „Erholungsurlaub" und betraute Generalfeldmarschall von Kluge mit der Führung der Heeresgruppe Mitte. Die 4. Armee übernahm General Ludwig Kübler.

Am 21. Dezember durchbrach ein starker, von Panzern unterstützter Angriffskeil der 33. Armee nördlich der Straße Malojaroslawez–Moskau die deutschen Stellungen an der Nara. Auch südlich der Straße bei der 34. und 52. Infanteriedivision brach der Feind ein. Am 23. Dezember begann hier der Rückzug.

Als sich die deutschen Kompanien von der Nara lösten, blieb die Siegessäule von Tarutino schneeverweht zurück. Vom Schnee bedeckt waren auch die deutschen Soldatengräber. Am Heiligen Abend 1941 machten sich die Kompanien auf den Weg und verließen die Stätten ihres Ringens, wo schon Napoleons Große Armee ihre erste Schlappe beim Rückzug aus Rußland hatte einstecken müssen. „Der Mond scheint hell, die Sterne funkeln. Wir waten durch tiefen Schnee westwärts", notierte ein Obergefreiter der 98. Infanteriedivision in sein Tagebuch. „Um 2 Uhr erreichen wir unser Ziel. Wir müssen einen Waldrand besetzen. 30 Grad Kälte. Dreißig abgemagerte Gestalten in zerschlissenen Sommeruniformen, mit zerrissenen Handschuhen und Stiefeln und kalkbeschmierten Stahlhelmen suchen die Stellungen. Endlich finden wir sie – ein paar halbzugewehte Löcher. [...] Schneidender Wind. Bald sind wir mit einer Schnee-Eisschicht überzogen. Am Nachmittag ein unbarmherziger Schneesturm. Wir bauen uns Schneeburgen. Wir kommen uns armselig und verlassen vor. Am Nachmittag kommt der Iwan – in gesteppten Watteanzügen, Pelzmützen und Filzstiefeln. Darüber Schneehemden. Sein Angriff bleibt im zusammengefaßten Abwehrfeuer liegen. Bei Dunkelheit kriechen einige Kameraden nach vorn und ziehen den Toten die wertvolle Winterbekleidung aus. Not kennt kein Gebot!"

Und wie erging es der Artillerie beim Stellungswechsel? Zwölf Pferdepaare wurden vor ein Geschütz gespannt. Menschen und Tiere gaben ihr Letztes. Geschütze und Munitionswagen rutschten in Mulden ab und mußten gesprengt werden. Bei einer einzigen Batterie der 98. Infanteriedivision stürzten beim ersten Stellungswechsel zehn Pferde – und mußten erschossen werden.

Ähnliche Bilder sah man bei den motorisierten Verbänden. Viele reparaturbedürftige Kraftfahrzeuge blieben zerstört zurück. Bei den fahrbereiten war das Öl in den Getrieben erstarrt, der Motor ein einziger Eisblock. Die Landser entfachten offene Feuer darunter und schleppten die Fahrzeuge an, damit die Motoren wieder ansprangen. Panzer ohne einschraubbare Greiferstollen rutschten in Löcher und Gräben ab und konnten nicht mehr herausgezogen werden, weil der Russe drängte. Sie mußten gesprengt werden.

Mit solchen Schwierigkeiten hatten die deutschen Truppen bei ihrem Rückzug von Moskau zu kämpfen. Nicht nur der Mensch litt unter den sibirischen Temperaturen, auch die Technik versagte ihren Dienst. Das waren Probleme, die selbst Napoleons Armee beim Rückzug nicht zu bewältigen hatte. 1812 wie 1941 zeigte sich jedoch eines ganz deutlich: In der allergrößten Not blieben Mensch und Tier auf ihre Kraft und ihr Durchhaltevermögen angewiesen.

Schukow hetzte seine Armeen ohne Rücksicht auf Verluste vorwärts. Obgleich auch seinen Verbänden physische Grenzen gesetzt waren, mußte er das Unmögliche verlangen, um das Mögliche zu erreichen. Die 33. Armee des Generalleutnants Michail Jefremow marschierte am Nordflügel der 15. und 98. Infanteriedivision vorbei nach Westen. Beide Divisionen zogen sich im Rahmen des XII. Armeekorps unter dem Befehl von General Walter Schroth entlang der Straße Podolsk–Malojaroslawez zurück.

Hitler befahl: „Alle einsatzfähigen Truppen und Reserven des OKW und des Ersatzheeres an den bedrängten Mittelabschnitt!" In einem „grundsätzlichen Befehl" ließ er verkünden: „Jeder größere Rückzug ist unzulässig, da dies zum Verlust der schweren Waffen und des Materials führen würde. Die Befehlshaber, Kommandeure und alle Offiziere müssen die Truppen durch ihr persönliches Beispiel veranlassen, die besetzten Stellungen, ungeachtet des an Flanken und im Rücken unserer Truppen durchgebrochenen Gegners, mit fanatischer Zähigkeit zu verteidigen!"

Im Zuge des Befehls „alle Reserven zur Heeresgruppe Mitte" wurden in Frankreich die 81., 83., 205., 208., 216. und 350. Infanteriedivision alarmiert. Die Soldaten dieser Divisionen hatten an der Atlantikküste in Frankreich eine „ruhige Kugel" geschoben. Um die Weihnachtszeit kletterten sie in die Waggons. Wohin? Das fragte sich mancher Landser. Es wurde keine Sonderverpflegung, keine Winterbekleidung ausgegeben – es konnte also nicht weit gehen. Als dann Deutschland hinter ihnen lag und sie durch Polen rollten, wußten sie, wohin die Reise ging.

Auch per Flugzeug, mit Junkers Ju 52-Transportern, wurden der bedrängten Ostfront frische Truppen zugeführt. Unter ihnen befand sich auch das motorisierte SS-Infanterieregiment Nr. 4, das bei Leningrad eingesetzt war und in Krakau aufgefrischt wurde. Es war vorgesehen, das Regiment in Kaluga zu landen und geschlossen einzusetzen; doch es kam anders. Die Ereignisse der Front überstürzten sich. Die Kompanien, die Bataillone wurden auf verschiedenen Feldflugplätzen abgesetzt und sofort an „brennenden" Frontstellen eingesetzt.

Am 19. Dezember 1941 kletterten die Soldaten des I. Bataillons des SS-Infanterieregiments 4 in Krakau in die Maschinen, immer

20 Mann mit Ausrüstung und Bewaffnung in eine Ju 52. Das waren zwei Maschinen pro Zug, zehn für eine Kompanie und 15 Maschinen für die Maschinengewehr-Kompanie (MGK). Viele Soldaten saßen zum ersten Mal in einem Flugzeug. Als die Motoren losröhrten, klopfte manchem von ihnen das Herz. Schwer hoben die bis zur Höchstgrenze beladenen Flugzeuge vom Rollfeld ab und flogen nach Osten. In Orscha fielen die Transportstaffeln zur Landung ein. Übernachtet wurde in Baracken am Flugplatzrand. Am Morgen des 20. Dezember erfolgte der Weiterflug. Wegen eventueller Feindjäger hielten sich die Staffeln eng zusammen. In 300 Metern Flughöhe donnerten die Maschinen über die schneebedeckte Landschaft. Die Soldaten ahnten, was ihnen bevorstand. Das I. Bataillon des SS-Infanterieregiments 4 landete am selben Tag auf dem Flugplatz Malojaroslawez. Und so, wie die Kompanien tropfen- und gruppenweise eintrafen, wurden sie an kritischen Frontstellen eingesetzt, und zwar das Bataillon in drei Kampfgruppen bei drei Heeresdivisionen. Als die 4. Kompanie des SS-Infanterieregiments 4 am späten Nachmittag Malojaroslawez anflog, lag der Flugplatz bereits unter Granatwerferfeuer einer feindlichen Durchbruchsgruppe. Soldaten, Waffen und Geräte fielen in den Schnee, und die Transportflugzeuge starteten sofort wieder durch.

Da Malojaroslawez inzwischen vom Feinde besetzt war, wurden das III. Bataillon und der Regimentsstab vom 22. bis 24. Dezember nach Kaluga geflogen.

Das II. Bataillon des SS-Infanterieregiments 4 sollte am 22. Dezember in Krakau abfliegen. Starker Frost und Schneesturm ließen das nicht zu. Am 24. Dezember besserte sich das Wetter. Das II. Bataillon unter dem Befehl von SS-Hauptsturmführer Walter Harzer wurde nach Juchnow geflogen, weil über den Feldflugplatz bei Kaluga bereits russische Panzer rollten.

So kam das SS-Infanterieregiment 4 an verschiedenen Stellen zum Einsatz. Die Trosse, die Versorgung des Regiments, sollten im Landmarsch von Krakau nachgeführt werden. Das dauerte mehrere Wochen. Das SS-Infanterieregiment 4 blieb versorgungsmäßig lange Zeit auf die „Gnade" anderer Verbände angewiesen.

Das I. Bataillon des SS-Infanterieregiments 4 kam im Rahmen des XII. Armeekorps kompanieweise zum Einsatz; es kämpfte in

Die OBs der 2. Panzerarmee Rudolf Schmidt (oben links) und der 4. Armee Gotthard Heinrici (oben rechts), der Chef des SS-Infanterieregimentes 4 Hinrich Schuldt (unten links) und der Chef des II. Bataillons des SS-Infanterieregimentes 4 Walter Harzer (unten rechts)

Riegelstellungen, bildete fast immer die Nachhut. Wysokinitschi, Nikolskoje, Djetschino, Kondrawo, Malojaroslawez und Medyn waren hart umkämpfte Stationen auf dem Wege nach Westen.

Doch wenden wir uns der großen Lage zu. Die russische Gegenoffensive am Nordflügel der Heeresgruppe Mitte und bei Rschew wurde bereits beschrieben. Wie aber stand es am Südflügel?

Die „Südwest-Front" hatte bei Liwny die 2. Armee und die 2. Panzerarmee auseinandergerissen. Ihre Stoßrichtung zielte auf Orel. Die 2. Armee wurde der Heeresgruppe Süd unterstellt. Zwischen Belew und Kaluga entstand eine gefährliche Lücke, in die das I. Kavalleriekorps und die 10. Armee der „West-Front" hineinstießen und nach Nordwesten einschwenkten. Ziel: Wjasma–Juchnow. In diesem Raum sollten die Arme der russischen Innenzange zusammentreffen.

Das XXXXIII. Armeekorps des Generals Heinrici wurde von der 2. Panzerarmee abgespalten und ging auf Kaluga zurück. Kaluga wurde im Halbkreis mit offenem Südflügel von der 31., 131. und 137. Infanteriedivision in wechselvollen Kämpfen verteidigt. Kaluga und das bereits eingeschlossene, von der gerade aus Frankreich angekommen 216. Infanteriedivision verteidigte Suchinitschi wurden zu Wellenbrechern des südlichen Zangenarmes der russischen Gegenoffensive.

Vom 22. bis 24. Dezember 1941 landeten die Kompanien des III. Bataillons des SS-Infanterieregiments 4 und der Regimentsstab auf dem Flugplatz Kaluga Südwest. Als sich SS-Obersturmbannführer Hinrich Schuldt am 23. Dezember bei General Heinrici zur Einweisung meldete, sagte der spontan: „Schuldt, Sie sind ein Geschenk des Himmels!" Das III. Bataillon und der Regimentsstab mit Regimentseinheiten sowie das ebenfalls eingetroffene Polizei-Bataillon 32 wurden zur Deckung der Südflanke Kalugas eingesetzt. Vorspringender Wellenbrecher im Oka-Knie war die Höhe 201 hart westlich von Kaluga. Diese Höhe wurde zum Schauplatz tagelanger erbitterter Kämpfe. Immer wieder kamen die Russen mit Infanterie und Panzern – und wurden abgewiesen. Die hier stehenden Teile des Bataillons hielten, ließen sich überrollen, vernichteten die durchgebrochenen Panzer und gewannen die verlorenen Stellungen zurück. Die Männer tauften die Höhe 201 „Ölberg" – nach dem biblischen Berg des Leidens.

Kaluga war am 12. Oktober von deutschen Truppen erobert und danach als Nachschubbasis mit Versorgungsgütern aller Art vollgestopft worden. Nun rannte Generaloberst Iwan Boldins 50. Armee gegen Kaluga an – besonders um der Versorgungslager willen. „Was zum Leben gebraucht wird, muß von den Deutschen geholt werden!" lautete die Anweisung an seine Truppen.

In einer Häusergruppe in der Nähe des Flugplatzes von Kaluga war der Truppenverbandsplatz (TVP) des III. Bataillons des SS-Infanterieregiments 4 untergebracht. Dort kämpfte der Truppenarzt um das Leben der verwundeten Kameraden; jeden Tag trug Dr. Lipok einige Sätze in sein Tagebuch ein. Sie vermitteln das Bild der Schlacht in erschütternden Aussagen. Unter dem 28.12.1941 lesen wir: „Etwa 1,5 Kilometer von unserem TVP entfernt liegt der Flugplatz. Es ist mehrfach vorgekommen, daß unsere Offiziere und Soldaten am Morgen mit einer braven Ju ankamen und am Abend des gleichen Tages schwer verwundet zurückgeflogen wurden. Die Petroleumlampe mit dem zitternden Schirm erhellt notdürftig den Raum, in dessen Ecke drei Leichtverwundete schlafen. Im Nebenraum liegen zwei Bauchschüsse. An die 50 – zum Teil sehr zerfetzte – Jungen gingen heute hier durch, durch den kleinen Raum und durch meine Hände."

Am 29./30. Dezember 1941 wurde Kaluga vom XXXXIII. Armeekorps aufgegeben. Das Korps suchte nach Nordwesten Anschluß an das XIII. Armeekorps.

Ein anderer Wellenbrecher, ein Fels in der Brandung war Subowo, etwa 50 Kilometer westlich von Kaluga. Diese Barriere 30 Kilometer vor Juchnow hielt das II. Bataillon des SS-Infanterieregiments 4 unter SS-Hauptsturmführer Harzer gegen Gardekavalleristen des Generalleutnants Pawel A. Below. Am 28. und 29. Dezember landete das Bataillon auf dem Flugplatz Juchnow-Süd. Am Morgen des 30. Dezember waren das II. Bataillon und Teile der Regimentseinheiten nach Subowo vorgezogen. Subowo liegt an der wichtigen Straßenkreuzung Medyn–Mosalsk und Juchnow–Kaluga. Das Bataillon hatte den Auftrag, Subowo unbedingt zu halten und so ein Vordringen der Russen auf der Straße Kaluga–Juchnow zu verhindern. Diese Straße mußte unbedingt für den Rückzug des XXXXIII. Armeekorps freigehalten werden. Und Harzers Bataillon hielt, obwohl immer wieder Angriffe gegen Subowo anbrandeten. Unter dem 30.12.1941 ist im KTB des OKW zu lesen: „In der tiefen rechten Flanke der 4. Armee wurde ein Vorstoß auf Suchinitschi abgewiesen. In der Gegend südlich und südostwärts von Juchnow bestand Gefechtsberührung."

Südlich von Subowo wurde Suchinitschi zum Wellenbrecher. Links neben der 50. Armee war die 10. Sowjet-Armee auf Suchinitschi vorgegangen. Speerspitze zwischen diesen beiden Armeen war Generalleutnant Belows I. Garde-Kavalleriekorps. Der Kavallerie wurden im Winterkrieg besondere Aufgaben zugemessen. Sie bildete die Spitzen und wurde zu Umfassungen angesetzt. Ende Dezember 1941 standen Belows Reiterschwadronen vor Suchinitschi. Um die gleiche Zeit wurde dort die gerade aus Frankreich eingetroffene 216. Infanteriedivision des Generals Werner Albrecht Freiherr von und zu Gilsa ausgeladen und sogleich in Verteidigungsstellungen eingesetzt. Die 10. Sowjet-Armee schloß auf. Am 3. Januar 1942 war Suchinitschi eingeschlossen. Die 216. Infanteriedivision und bodenständige Versorgungseinheiten hielten die Stadt – zuletzt gegen 30 russische Divisionen und 14 selbständige Infanterie- und Panzerbrigaden sowie Kavallerieverbände, die der Raum Suchinitschi angezogen hatte. Fernziel dieser Feindmassen war Wjasma und die Rollbahn im Rücken der Heeresgruppe Mitte.

Die 2. Panzerarmee – jetzt unter General Rudolf Schmidt – machte die 18. Panzerdivision frei. Ihr Kommandeur, General Walther Nehring, erhielt den Auftrag, mit seiner verstärkten Division auf Suchinitschi vorzustoßen. Am 16. und 17. Januar 1942 trat die schlesische 18. Panzerdivision aus dem Raum Schisdra an. Bis Suchinitschi waren es 50 Kilometer, 50 Kilometer durch eine Schnee- und Eiswüste. Am 24. Januar war es geschafft, die Verbindung mit Suchinitschi war hergestellt. Eines der kühnsten und risikoreichsten Unternehmen des Winterkrieges war erfolgreich abgeschlossen. Als erstes wurden die zahlreichen Verwundeten, die in den Kellern von Suchinitschi lagen, auf Panjeschlitten durch den langen „Schlauch" nach Schisdra abtransportiert. Und dann drückte von dort die gerade eingetroffene, ebenfalls frisch aus Frankreich antransportierte, 208. Infanteriedivision des Generals Hans-Karl von Scheele die Russen allmählich zurück und verband Suchinitschi wieder mit einer durchgehenden Front.

Wenden wir uns nun wieder Rschew zu. Am 12. Januar 1942 hatte General Model vom erkrankten Generalobersten Adolf

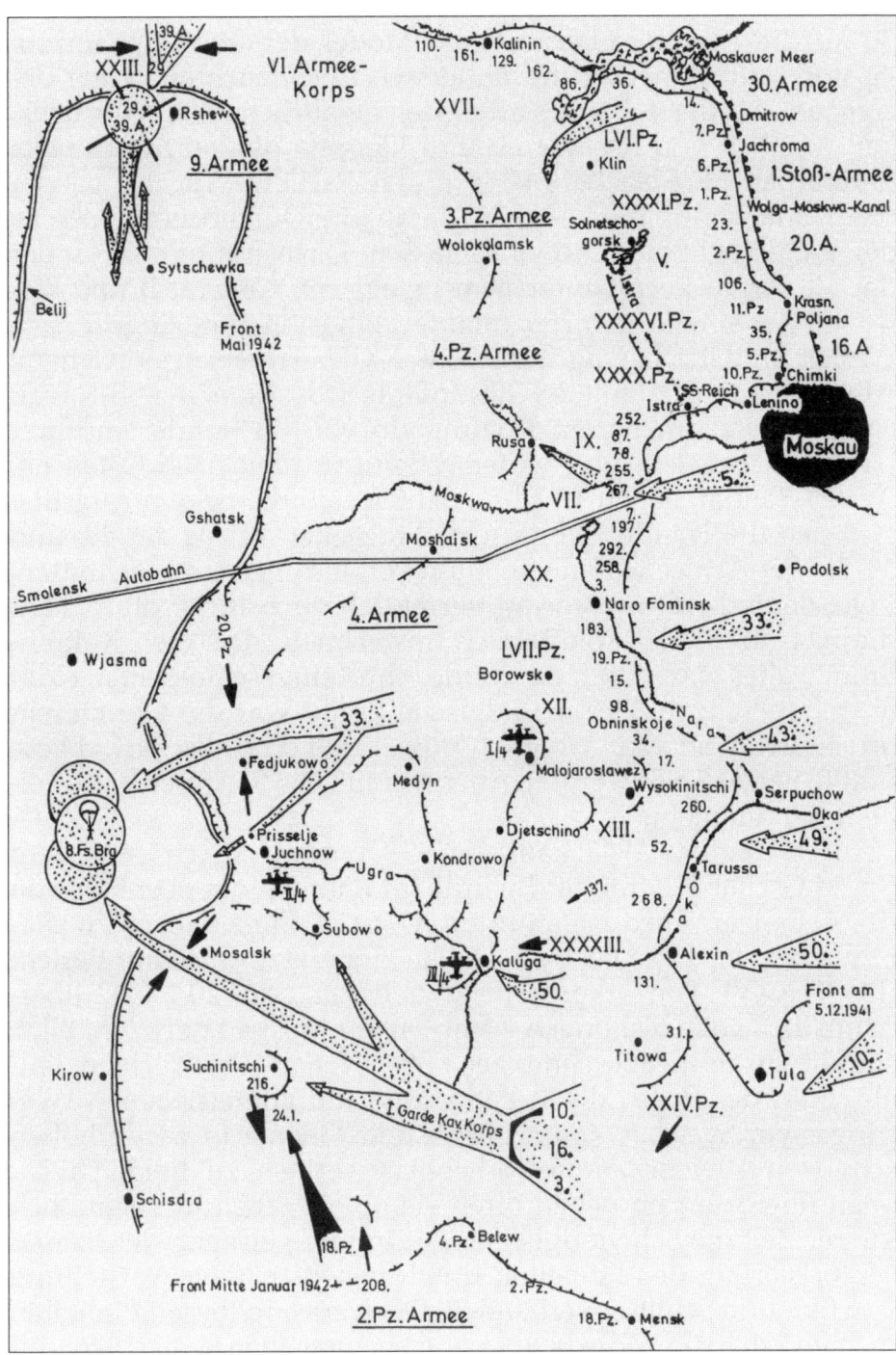

Kartenskizze 12: Heeresgruppe Mitte im Frühjahr 1942

Strauß die 9. Armee übernommen. Model, der tatkräftige Improvisator, kniff zunächst mit anderswo freigemachten Teilen der eigenen und der 4. Panzerarmee den gefährlichen Durchbruchskeil westlich von Rschew ab und kämpfte die bei Sytschewka unterbrochene Eisenbahnverbindung Rschew–Wjasma wieder frei. Danach ging die 9. Armee daran, die Durchbruchslücke an der Wolga bei Solomino zu schließen. Dazu trat am 22. Januar das VI. Armeekorps unter dem Befehl von General Bruno Bieler mit der verstärkten 256. Infanteriedivision zum Angriff nach Westen an. Gleichzeitig traten das XXIII. Armeekorps (General Albrecht Schubert) mit der 206. Infanteriedivision, der SS-Kavallerie-Brigade unter dem Kommando von SS-Standartenführer Hermann Fegelein und Unterstützungswaffen nach Osten an. Am 23. Januar, gegen 13 Uhr, reichten sich die beiden Angriffsgruppen die Hände. Die durchgebrochenen Korps der 29. und 39. Sowjet-Armee waren von ihren Verbindungen abgeschnitten.

Die deutsche Front war an der Durchbruchslücke dünn, sehr dünn. Und Model konnte sich ausrechnen, daß die „Kalinin-Front" alles daran setzen werde, ihre eingeschlossenen Kräfte freizuschlagen. Der neuralgische Punkt war die alte Durchbruchsstelle an der Wolga nordwestlich von Rschew. Diese mußte verrammelt werden. Aber womit? Die 9. Armee hatte keine Reserven mehr.

Am 19. Januar 1942 kam die SS-Division „Reich" aus dem Raum Gschatsk heran und wurde im Rahmen des ebenfalls von der 4. Panzerarmee zugeführten XXXXVI. Panzerkorps zur Bereinigung der Lage bei Sytschewka eingesetzt. In einem Bericht des XXXXVI. Panzerkorps heißt es dazu: „Am 20.1.1942 übernahm die in den bisherigen Kämpfen vor Moskau noch erheblich stärker zusammengeschmolzene SS-Division ‚Reich' einen Teilabschnitt des durch die 1. Panzerdivision vorgetriebenen Westringes vor Sytschewka und fügte dem Gegner in wiederholten schweren Abwehrkämpfen erhebliche Verluste zu. Beide Divisionen überbrückten neben ihren Kampfaufgaben in erstaunlich kurzer Zeit die Schwierigkeiten der immer geringer werdenden Motorisierung der Einheiten durch behelfsmäßige Aufstellung von Ski- und Schlittenverbänden. Doch auch in diesen Einheiten machten sich die Verluste der vorausgegangenen Schlachten und die Ausfälle durch Erfrierungen empfindlich bemerkbar." Die

Rechts: Der Chef des SS-Regimentes „Der Führer", SS-Obersturmbann-führer Otto Kumm, vereitelte mit seinen Männern jeden russischen Durchbruch.

Unten: Die Kurier-maschine Fieseler Fi 156 „Storch"

Mot-Divisionen wurden zu „Hot"-Divisionen, weil die kleinen, struppigen Panjepferde ausgefallene Motorkräfte ersetzten und so zu treuen Helfern der deutschen Soldaten wurden. Die personellen Ausfälle der Division „Reich" führten dazu, daß bereits bei Jelnja ein Regiment und vor Moskau von den verbliebenen zwei Regimentern noch je ein Bataillon aufgelöst werden mußte, um damit die restlichen Bataillone aufzufüllen. Panzerjäger und Artilleristen, die keine Geschütze mehr hatten, wurden zu Infanterieeinheiten versetzt. Die Trosse wurden „ausgekämmt" und die Fehlstellen mit russischen Hilfswilligen („Hiwis") besetzt.

Das Regiment „Der Führer" kam als letztes der Division „Reich" im Eisenbahntransport in Sytschewka an. Wohl gemerkt: im Eisenbahntransport! Die Division „Reich" hatte so viele Kraftfahrzeuge verloren, daß sie ihre Regimenter nicht mehr motorisiert verlegen konnte. Das Regiment „Der Führer" wurde gleich dem AOK 9 direkt unterstellt und nach Rschew weitergeleitet. Das Regiment erhielt den Auftrag, die alte Durchbruchsstelle an der Wolga fest zu verschließen.

Am 25. Januar, gegen 9 Uhr, traten die zwei schwachen Bataillone mit unterstellten Regimentseinheiten von Spas Mitkowo zum Angriff nach Norden an. Gegen 12 Uhr hatte das III. Bataillon des Regiments „Der Führer" Klepenino erreicht. Links daneben schloß das I. Bataillon auf. Sofort begannen die Soldaten des Regiments, die befohlene Hauptkampflinie (HKL) an der Wolga auszubauen. Mittels Picken und Schaufeln, Bohrpatronen, Handgranaten und Sprengmitteln wühlten sie sich in den steinhart gefrorenen Boden hinein. Sie ahnten, was ihnen bevorstand, denn Model hatte befohlen: „Halten um jeden Preis!"

Die alte Durchbruchsstelle machte Model Sorgen. Jeden Tag war er auf dem Regimentsgefechtsstand und ließ sich vom Kommandeur SS-Obersturmbannführer Otto Kumm berichten. Mal kam er mit dem Kraftfahrzeug, mal zu Pferde und einmal mit der einmotorigen Kuriermaschine Fieseler Fi 156 „Storch", die auf der zugefrorenen Wolga landete. Model führte „von vorn", das heißt er begab sich so oft wie möglich direkt an die Front, um sich durch eigene Inaugenscheinnahme ein Bild der Lage zu machen. Man sagte von ihm, daß er eine Stunde am Tage vor der Generalstabskarte saß und neun Stunden bei der Truppe war. Indessen hielt sein Erster Generalstabsoffizier (Ia), Oberstleutnant i.G. (ab 1.2.42 Oberst) Edmund Blaurock, die Verbindung zu den Verbänden und führte sie nach den Absprachen mit seinem Oberbefehlshaber. Model, Jahrgang 1891, klein, drahtig und voller Energie, war mehr bei seinen Soldaten als auf seinem Gefechtsstand; deshalb war er bei seinen Untergebenen so beliebt.

Am 27. Januar waren Model und die Kommandierenden Generale des VI. und XXIII. Armeekorps sowie die Kommandeure der 161. (VI.) und 206. Infanteriedivision (XXIII.) auf dem Gefechtsstand des Regiments „Der Führer" in Noschkino. Sie besprachen die Sicherung der Naht zwischen den beiden Armeekorps. In die Besprechung hinein platzten ernste Meldungen, die erkennen ließen, daß die Russen bei Klepenino aktiv wurden. Von da an kam die Front an der Wolga nördlich von Rschew nicht mehr zur Ruhe.

Immer wieder versuchten die Russen, nach Süden durchzubrechen, um ihre westlich von Rschew eingeschlossenen Einheiten freizuschlagen bzw. die Verbindung wieder herzustellen. Klepenino, Optjachino, Solomino, Timonzewo und Noschkino, „Bereitstellungswald", „Wolgawäldchen", „Dreieckswald", „Totenweg" und „Totenhain" sind Namen, die für blutigste, wechselvolle Kämpfe in jenen Tagen stehen.

Am 2. Februar 1942 erreichte das Ringen den ersten Höhepunkt. Dazu lesen wir in der Geschichte der Division „Das Reich": „3.2.1942: In der Nacht wird im gesamten Abschnitt ‚Der Führer' erbittert weitergekämpft. Trotz wiederholter eigener Vorstöße können die Feldstellungen zwischen Klepenino und Optjachino nicht zurückgewonnen werden. Der Regimentskommandeur, SS-Obersturmbannführer Kumm, wird bei der 256. Infanteriedivision und beim VI. Armeekorps vorstellig und weist eindringlich auf die gefährliche Lage in seinem Abschnitt hin. Im Raum Klepenino sind seit Tagen zwei Panzerjägerzüge der Panzerjäger-Abteilung 561 mit 5 cm-Pak-Geschützen dem Regiment unterstellt und in Stellung. Unter der schneidigen Führung von Leutnant Petermann unterstützen die prächtigen Panzerjäger mit ihren dreizehn Geschützen entscheidend den Kampf der Grenadiere der 9. Kompanie des Regiments ‚Der Führer' und der Pioniere der 3. Kompanie des Pionierbataillons 256. Bis heute haben diese Geschütze zwanzig T 34 außer Gefecht gesetzt. Beim Gefechtsstand des III. Bataillons des Regiments ‚Der Führer' walzt ein Panzer eine Pak zusammen. Ein anderes Geschütz wechselt innerhalb kurzer Zeit dreimal die Bedienungen. Das Geschütz ist bis über die Achsen eingeschneit; die ausgebrannten Feindpanzer verdecken vor den Stellungen erheblich das Schußfeld. Keine Zugmaschine kann bei dem Feuer aller Kaliber vorfahren, um Munition zu bringen oder Stellungswechsel zu machen. So sind schließlich die Grenadiere und Pioniere auf sich allein gestellt und greifen mit Todesverachtung die anrollenden Eisenkolosse mit Minen, Brandflaschen und geballten Ladungen an. Im Verlauf des Vormittags verstärkt der Feind seine Anstrengungen, um den Durchbruch zu erzwingen. Mit einer Armada von 30 bis 40 T 34 fahren die Sowjets auf der offenen Fläche vor den Stellungen der 10. Kompanie des Regiments ‚Der Führer' im Abschnitt Optjachino auf – vor jedem MG-Nest und Schützenloch mit drei oder vier Panzern – und feuern aus allen Rohren aus einer Entfernung von 30 bis 40 Metern auf die Stellungen der Kompanie. Eine halbe Stunde dauert der Feuerorkan."

Von der 10. Kompanie des Regiments „Der Führer" lebte keiner mehr. In der HKL klaffte eine Lücke von 1.000 Metern. Reserven kamen heran. In die Lücke wurde eine Alarm-Kompanie des VI. Armeekorps geworfen – Schreiber, Köche, Fahrer, Schneider, unter der Führung von Zahlmeistern. Wieder rannten die Sowjets an und schossen die zurückweichende Alarmkompanie zusammen. In der folgenden Nacht warfen die Sowjets frische Kräfte in diese Lücke hinein, und am Morgen des 4. Februar näherten sie sich dem Regimentsgefechtsstand „Der Führer" in Noschkino. Der Regimentsadjutant, SS-Hauptsturmführer Friedrich Holzer, raffte alles zusammen – Fahrer, Funker, Melder, Ordonnanzoffiziere –, baute mit ihnen einen Riegel auf und hielt drei Tage lang durch, bis die Angriffe abflauten. Danach lagen Berge von toten Russen vor den deutschen Stellungen. Teilen von fünf russischen Divisionen und zwei Panzerbrigaden wurde der entscheidende Durchbruch vereitelt.

Dann versuchten es drei frische Regimenter in Kumms linkem Abschnitt. Am 6. Februar gab es wechselvolle Kämpfe, blutigstes Ringen um „Bereitstellungswald", Solomino, „Totenweg" und Noschkino-Siedlung. Das I. Bataillon des Infanterieregiments 348 (216. Infanteriedivision), das Pionierbataillon 256 und Teile des I. Bataillons vom Regiment „Der Führer" mußten weichen – und traten wieder zum Gegenangriff an. Der Kampf verzahnte sich in Einzelkämpfe.

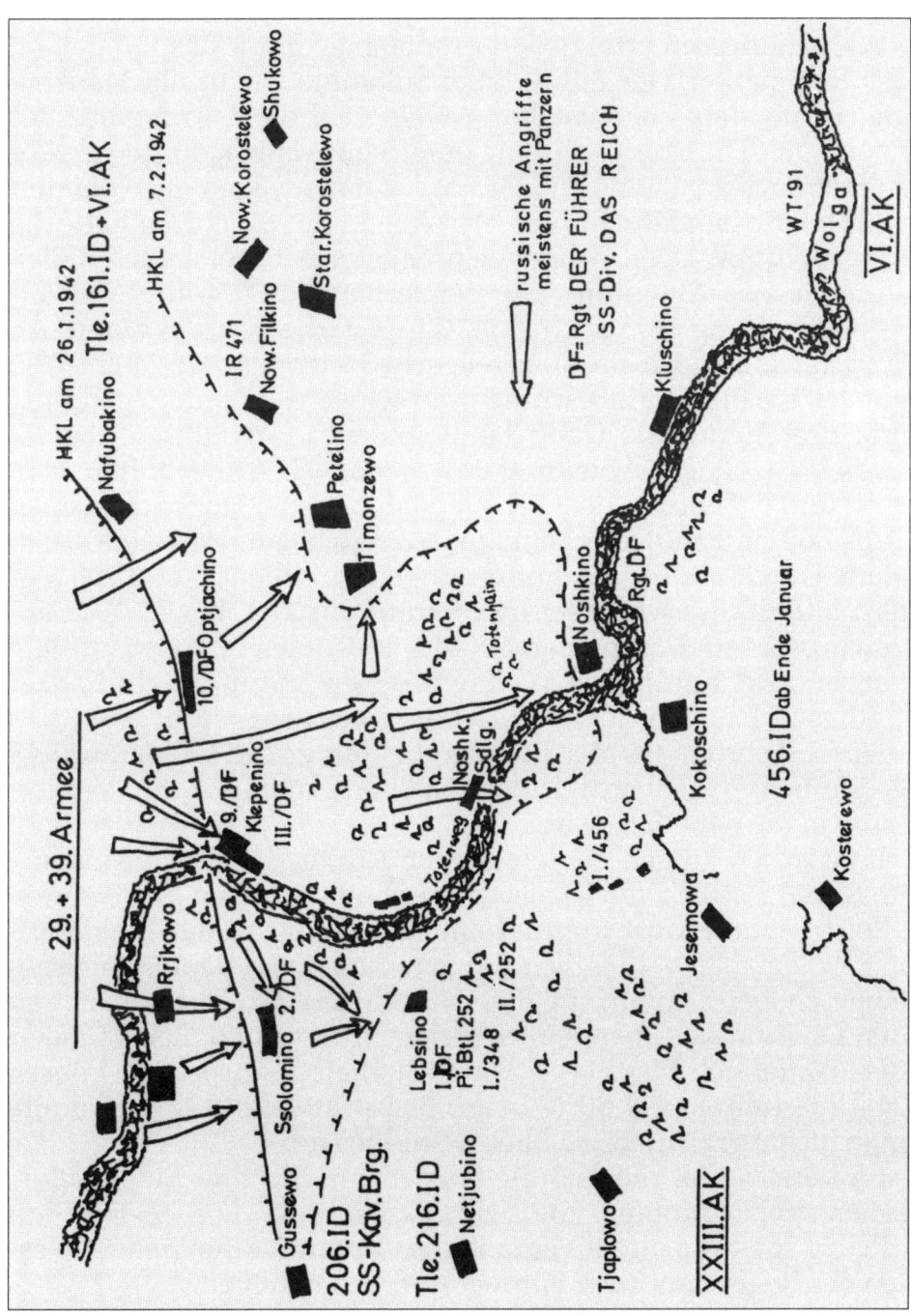

Kartenskizze 13: Nördlich Rschew – Kampf um die russische Durchbruchslücke

Währenddessen erfolgte ein Frontalangriff auf das I. Bataillon des Regiments „Der Führer" bei Solomino – und ein Flankenangriff aus dem „Bereitstellungswald" auf die 2. Kompanie des Regiments. Die Kompanie ging unter, kein Mann kam zurück. Die Aufklärungs-Abteilung 256 (Major Mummert) kam zu Hilfe und verhinderte den Durchbruch. Am Abend des 6. Februar hatte die Kampfgruppe „Der Führer" einschließlich unterstellten Teilen (Aufklärungs-Abteilung 256, Pionierbataillon 256 und Panzerjäger-Abteilung 561) noch eine Kampfstärke von 496 Mann. An Waffen waren noch einsatzbereit: acht 3,7 cm- und drei 5 cm-Pak, vier leichte Infanteriegeschütze, ein schweres Infanteriegeschütz und drei 2 cm-Flak. Über das Regiment „Der Führer" meldete die Panzerjäger-Abteilung 561 an das VI. Armeekorps: „Am 3., 4. und 5. Februar 1942 bei Klepenino sechs Panzer des neuen Typs T 60 einwandfrei erkannt und sämtliche Kampfwagen durch glatte Durchschüsse aus Entfernungen zwischen 30 und 200 Metern in Brand geschossen. Insgesamt vom 21.1. bis 9.2.1942 abgeschossen: ein Kampfwagen KW 1; 16 Panzer T 34; drei mittlere Panzer; zwei Kampfwagen ohne Typenerkennung; sechs Panzer T 60; zwei Pak; ein Geschütz Kaliber 7,62 cm."

Am 7. Februar wurde die HKL bis hinter die Wolga zurückgenommen. Nachbardivisionen stellten Bataillone zur Verstärkung in die neue HKL ein.

Inzwischen gingen die feindlichen Kräfte – neun Divisionen – im Kessel westlich von Rschew ihrem Ende entgegen. Die Division „Reich" wurde dort frei und am 13. Februar in der umkämpften Wolgaschleife zwischen der 206. und 256. Infanteriedivision eingeschoben. Kumm meldete sein Regiment „Der Führer" an den Divisionskommandeur SS-Brigadeführer und Generalmajor der Waffen-SS Matthias Kleinheisterkamp zurück: 8 Führer, 24 Unterführer und 80 Männer. Selbst auf diese Reste konnte man nicht verzichten, sie blieben im Einsatz.

Ein letztes Mal rannten die Sowjets an, um ihre Eingeschlossenen freizukämpfen und zurückzuführen. Die SS-Division „Reich" hielt – in ihrem Verband die Gruppe Kumm mit den Resten des Regiments „Der Führer" und Unterstellten.

Am Vormittag des 16. Februar war Model bei Kumm auf dem Gefechtsstand. Kumm trug dem Oberbefehlshaber der 9. Armee ungeschminkt die kritische Lage vor und bekam als Antwort: „Sie

Ein russisches 7,62 cm-Geschütz, von den Landsern „Ratschbumm" genannt, da Abschuß und Einschlag ungewöhnlich schnell aufeinander folgten.

Ein sowjetischer Panzer von Typ T 34-76 mit einer 7,62 cm-Kanone

Ein überschwerer Panzer vom Typ KW 2 mit einer 15,2 cm-Haubitze

müssen halten, Kumm, um nicht den greifbaren Erfolg bei Sytschewka zu gefährden!" Die Gruppe Kumm hielt – und schmolz weiter zusammen. Am 17. Februar 1942 fiel der Siegeslorbeer in Models Hände. Große Teile der 29. und 39. Sowjet-Armee waren zerschlagen. Als Kumm auf dem Divisionsgefechtsstand der Division „Reich" sein Regiment zurückmeldete, war auch Model zugegen. Er fragte Kumm nach der Stärke seines Regiments. Kumm wies aus dem Fenster und antwortete: „Mein Regiment steht draußen angetreten!" Model schaute hinaus – draußen standen 35 vom Kampf gezeichnete Soldaten. Das Regiment „Der Führer" kam nach Deutschland zur Neuaufstellung. SS-Obersturmbannführer Otto Kumm erhielt das Ritterkreuz. Die zusammengeschmolzene Division kämpfte als Kampfgruppe unter ihrem Ia, SS-Standartenführer Werner Ostendorff, bis zum Frühjahr im Verband der 9. Armee weiter und wurde dann in Deutschland neu aufgestellt.

Nach Abschluß der Kämpfe ließ der Kommandierende General des VI. Armeekorps, General Bieler, ins Korps-KTB eintragen: „Mit Abschluß der Kämpfe muß hier das Heldentum der Truppen noch einmal gewürdigt werden, die an einer für die 9. Armee und die Heeresgruppe Mitte entscheidenden Stelle Tag und Nacht bei größter Kälte und Entbehrungen die unaufhörlichen Angriffe des Gegners abgewehrt haben. Nicht nur, daß der Gegner insgesamt acht Divisionen auf schmalstem Raum nacheinander in den Kampf führte, er setzte auch starke Panzerverbände mit neuesten Panzern, Massen von Artillerie aller Kaliber und starke Verbände seiner Luftwaffe ein. Oft stand infolge starker eigener Verluste und Fehlens von Reserven die Lage auf Messers Schneide, aber immer wieder wurde sie von Führung und Truppe gemeistert."

Während die 9. Armee im Raum Rschew ihre Abwehrschlacht schlug, war weiter westlich die russische „Nordwest-Front" aus dem Raum Seliger See weit nach Süden vorgedrungen und hatte sich an der Nahtstelle zwischen den deutschen Heeresgruppen Nord und Mitte ins Hinterland vorgeschoben. Auch dort entstanden ähnliche Krisen. Demjansk und Cholm wurden eingeschlossen und erst im Frühjahr 1942 wieder entsetzt. Am 1. Februar wurde das Armeeoberkommando 3 von der Heeresgruppe Mitte freigegeben und mit der Meisterung der Krise in der Lücke zwischen beiden Heeresgruppen beauftragt. Die Stoßkeile der 3. und 4. Stoß-Armee und der 22. Armee der „Nordwest-Front" konnten

Der Ia der Division „Reich" Werner Ostendorff (oben links) und der Divisionskommandeur Matthias Kleinheisterkamp (oben rechts)

Unten: Für die in den Kesseln von Demjansk (links) und Cholm (rechts) aushaltenden Kämpfer gestiftete Ärmelschilde

erst vor Welikije Luki, Witebsk und Belew aufgefangen werden. Allmählich stabilisierte sich auch hier die Front. Die unmittelbare Gefahr für Witebsk und Smolensk von Norden her war gebannt. Die russischen Verbände, die die Bezeichnung „Stoß-" oder „Garde-" Korps oder -Armee führten, taten sich durch besonders tapfere Leistungen hervor. Ihre Soldaten bekamen doppelten Sold.

In den turbulenten Wochen der russischen Gegenoffensive und des deutschen Rückzuges waren zwischen Hitler und seinen führenden Militärs gegensätzliche Ansichten über die weitere Kriegsführung aufgebrochen. Immer ging es um die Frage Halten oder Rückzug in günstigere Stellungen. Während Hitler nicht prinzipiell gegen die Aufgabe eroberten Gebietes war – wesentlich war für ihn, daß Rückzüge geordnet und nach Möglichkeit in vorbereitete Stellungen vonstatten gehen sollten –, hatte einige hochrangige Befehlshaber (zum Beispiel von Brauchitsch und von Bock) die Panik erfaßt. Am 25. Dezember wurde Generaloberst Guderian aufgrund der falschen Meldung entlassen, er hätte entgegen einem Führerbefehl den Rückzug angeordnet. Guderian wurde im Frühjahr rehabilitiert. Seinen Posten übernahm General Rudolf Schmidt. Am 8. Januar 1942 wurde der bewährte Oberbefehlshaber der 4. Panzerarmee, Generaloberst Erich Hoepner, entlassen und schimpflich aus der Wehrmacht ausgestoßen. Warum? Weil er eigenmächtig den Rückzug in seinem Befehlsbereich befohlen hatte, als nicht mehr gehalten werden konnte. Hoepner beteiligte sich später am Attentat vom 20. Juli 1944 und war von den Verschwörern als neuer Befehlshaber des Ersatzheeres vorgesehen. Er wurde am 8. August 1944 zum Tode durch Erhängen verurteilt und sofort hingerichtet.

Im Raum Kaluga–Suchinitschi–Juchnow entwickelte sich die Lage ebenso dramatisch wie am Nordflügel der Heeresgruppe Mitte. Die Flanken der in der Mitte stehenden 4. Armee waren offen; dort waren die Zangen zur Einkesselung der 4. Armee angesetzt. Nach verlustreichen Abwehrkämpfen in immer neuen rückwärtigen Stellungen setzte die Heeresgruppe Mitte beim OKH am 15. Januar 1942 den Rückzug ihrer Verbände auf die Linie Rschew–Gschatsk–Juchnow durch.

Krisen bei Juchnow

Bis zum Jahresende 1941 hatte sich die 4. Armee bis auf die Linie Moschaisk–Malojaroslawez–Djetschino–Kaluga zurückgezogen. Am 30. Dezember gab das XXXXIII. Armeekorps Kaluga auf. Am 1. Januar 1942 wurde um Malojaroslawez heftig gekämpft, und die Nachschubeinheiten der 19. Panzerdivision, der 15., 34. und 98. Infanteriedivision mußten noch durch die Stadt. Ein Chaos drohte. Teile der 34. und 98. Infanteriedivision kämpften unter beherzten Offizieren die Stadt noch einmal frei, und die angestauten Trosse konnten nach Medyn abfließen. In der Nacht zum 2. Januar wurde Malojaroslawez aufgegeben. Kolyschewo, Tawarko, Kondrawo und Medyn waren Stationen des weiteren Rückzuges. Hinhaltender Kampf hieß Verteidigung der Orte auf Zeit, hieß ausharren in Schneestellungen, an Waldrändern und Flüssen, um den Trossen und der Artillerie das Abfließen zu ermöglichen. Die Infanteristen hielten und waren immer die letzten am Feind. Unter großen Erschwernissen wurden die Dörfer geräumt, kein Verwundeter blieb zurück. Überall drückte der Feind nach. Vom 1. bis 10. Januar hielt das III. Bataillon des SS-Infanterieregiments 4 (mot.) des SS-Hauptsturmführers Vogdt den Ort Kolyschewo am Südflügel des XXXXIII. Armeekorps. Bis zur Subowospitze, die das II. Bataillon hielt, klaffte eine große Lücke, in die russische Kavallerie hineindrängte. Der Truppenarzt vom III. Bataillon, Dr. Lipok, notierte in sein Tagebuch: „Silvester 1941 – Kolyschewo: Das Dorf ist nahezu umzingelt, und durch den hohen Schnee – außerhalb der Fahr- und Trampelwege – gibt es kein Zurück, kein Entkommen für den einzelnen, für uns, mit unseren Verwundetenschlitten überhaupt nicht. Granatwerfereinschläge im Dorf. Am Nordwestrand liegen unsere Schützen im Feuergefecht mit den Sowjets. Gewehr-feuer ringsum.

3.1.1942 – Kolyschewo: Um 2 Uhr nachts begann der Russe nach einem schweren Feuerüberfall anzugreifen. Er wurde überall blutig abgeschlagen. Welche Leistung der Soldaten und Offiziere bei Außentemperaturen von 35 bis 40 Grad unter null! Was sind das doch für Kräfte, die in einem braven Bürger Schmidt oder Mayer wirksam werden?! Einige Beispiele: Die Feldwachen werden stündlich abgelöst, denn stehe einer mal eine Nachtstunde bei schneidendem Wind und großer Kälte draußen! Oder schaffe in kritischer Situation beim MG einen Laufwechsel! Die Finger frieren an den Eisenteilen fest, die Haut bleibt in Fetzen hängen. Die Füße sind erfroren, und die Zehen haben pflaumengroße Wasser-Frost-Blasen, wenn nicht gar der halbe Fuß weißgefroren oder gar schwarzbrandig ist, wie ich es bei Verwundeten erlebte. Man könnte verzweifeln! Stundenlang liegen die armen Kerle mit zerfetzten Gliedern auf Panjeschlitten. Und der Transport führt oft durch Gegenden, die von Partisanen kontrolliert werden.

5.1.1942 – Kolyschewo: Der Verbandsplatz muß geräumt werden. An der Straßenkreuzung von Kolyschewo ist der Schnee schwarz von Einschlägen. Eben versorge ich einige Frostschäden von einer Baueinheit. Diese Leute haben nicht einmal Wintergarnituren, hatten zum Teil keine Mäntel und kamen – wie die Armee Napoleons – in Halbzivil, zum Teil mit Röcken, die sie sich um Kopf und Schultern gewickelt haben."

Das Armeeoberkommando 4 erkannte sehr früh die von Südosten drohende Gefahr der Umfassung. Es erkannte, daß Juchnow zu einem Angelpunkt der russischen Operation gegen die 4. Armee werden würde und verlegte die 19. Panzerdivision (Generalleutnant Otto von Knobelsdorff) als „Wächter" in den Raum Juchnow. Der Schutz der Straße Juchnow–Roslawl wurde der 10. Infanteriedivision (mot.) anvertraut. Die Führung im Raum Juchnow übernahm das XXXX. Panzerkorps, das aus der Ostfront der Armee herausgelöst wurde.

Das in Juchnow gelandete II. Bataillon des SS-Infanterieregiments Nr. 4 – der 19. Panzerdivision unterstellt – hielt die Subowo-Spitze zur Aufnahme des XXXXIII. Armeekorps. Als mit verstärktem Druck auf Subowo gerechnet werden mußte, entschloß sich das XXXXIII. Armeekorps, auf der Straße Tawarko–Subowo durchzubrechen. Die noch offene schmale Verbindung nach Norden führte über unwegsame Strecken, die den schweren Waffen mit ihrer geschwächten Bespannung nicht zugemutet werden konnten. Am 12. und 13. Januar griffen Teile der niedersächsischen 31. Infanteriedivision (Regimenter 12 und 82) und der 131. Infanteriedivision (Regiment 432) an der Straße nach Subowo an. Die Niedersachsen kämpften sich durch tiefen Schnee vorwärts, aber es gelang ihnen nicht, die feindbesetzten Dörfer Lapina und Kulisa zu erobern und damit den Weg freizukämpfen. In den folgenden Tagen zogen sich die Verbände des XXXXIII. Armeekorps nach Norden zurück; die Nachschubeinheiten und schweren Waffen gelangten über Luschnaja–Puschkino in den Raum Juchnow.

Am 13. Januar wurde Medyn vom XII. Armeekorps (34. und 98. Infanteriedivision) aufgegeben. Bis zum 17. Januar konnte die Schanja-Stellung gehalten werden. Am 20. Januar wurde die Subowo-Spitze aufgegeben und die Truppen in die Verteidigung von Juchnow einbezogen, die im Halbkreis nach Osten um die Stadt aufgebaut wurde.

Am 21. Januar 1942 löste General Heinrici General Kübler in der Führung der 4. Armee ab. Das XXXXIII. Armeekorps übernahm Generalmajor Gerhard Berthold, der bisherige Kommandeur der 31. Infanteriedivision.

Mitte Januar fühlten bereits russische Kavalleriespitzen bis an die Rollbahn Roslawl–Juchnow vor. Am 23. wurde die Rollbahn unterbrochen und von Teilen der 10. Infanteriedivision (mot.) wieder freigekämpft. Auf Dauer konnte die in weitlichtiger Sicherung stehende Division den Schutz der wichtigen Rollbahn nicht gewährleisten. Die südwestlich von Juchnow untergezogenen Nachschubeinheiten des XXXXIII. Armeekorps mußten in Rundumverteidigung ihre Unterkünfte sichern.

Schukows Plan reifte und stand vor der Blüte: Belows Gardekavalleristen drangen zügig auf Wjasma vor. Die 33. Armee der „West-Front", die aus dem Raum Borowsk angetreten war, kam durch die Lücke zwischen der 4. Armee sowie der 4. Panzerarmee und erreichte den Raum nordwestlich von Juchnow. Nun spielte Armeegeneral Schukow auch seinen letzten Trumpf gegen die deutsche 4. Armee aus: Ab 19. Januar wurde die 8. Fallschirmjäger-Brigade im Raum südlich von Wjasma abgesetzt. Hierzu hielt Schukow in seinen *Erinnerungen und Gedanken* fest: „Am 27. Januar 1942 überquerte das Kavallerie-Korps Below 35 Kilometer südwestlich von Juchnow die Warschauer Chaussee (Straße Juchnow–Roslawl) und vereinigte sich nach drei Tagen mit den Fallschirmjägern und Partisanenabteilungen südlich von Wjasma. Am 1. Februar erreichten drei Schützendivisionen der 33. Armee (113., 160. und 338. Schützendivision) unter dem persönlichen Befehl von Generalleutnant M.G. Jefremow ebenfalls das Gebiet und nahmen den Kampf im Vorgelände von Wjasma auf. Um das I. Gardekavalleriekorps zu verstärken und seine Tätigkeit mit dem XI. Kavalleriekorps der ‚Kalinin-Front‘ (das von Norden her den Raum Bely erreicht hatte) zu koordinieren, befahl das Hauptquartier, das IV. Fallschirmjägerkorps im Raum Oseretschnaja (Raum Wjasma–Dorogobusch) abzusetzen."

Das waren weitgesteckte Ziele und unter normalen Verhältnissen auch zu erreichen, aber jetzt, im Winter, ohne Nachschub aller Art, war es unmöglich. Die russischen Durchbruchsverbände waren auf Selbstversorgung aus dem Lande angewiesen – angewiesen auf einen armen Landstrich, dessen Bewohner selbst nur noch wenig hatten, nicht einmal Heu für die Pferde Belows. Munitionsmangel kam hinzu, so daß auch Angriffe auf deutsche Trosse und Verpflegungslager nicht gewagt werden konnten. Die Deutschen hielten die wichtigsten Dörfer. In kleineren Orten und dichten Wäldern richteten sich die russischen Einheiten ein. Jede Seite kontrollierte „ihr" Gebiet.

Allmählich stabilisierte sich die Lage am Südflügel der 4. Armee, und es entstand eine neue Abwehrfront. Die Nachschubwege der russischen Durchbruchsverbände wurden verstopft.

Nun kam es der Heeresgruppe Mitte darauf an, die Lücke zwischen der 4. Panzerarmee und der 4. Armee nördlich von Juchnow zu schließen und die vorgeprellte 33. Armee von ihren rückwärtigen Verbindungen abzuschneiden. Dazu wurde das SS-Infanterieregiment 4 mit herangezogen.

Die Bataillone des SS-Regimentes waren während des Rückzuges bei verschiedenen Heeresverbänden eingesetzt. Am 21. Januar hatte der Regimentskommandeur, SS-Obersturmbannführer Hinrich Schuldt, in Juchnow endlich sein Regiment wieder beisammen. Aus in Aussicht gestellten Ruhetagen wurde nichts.

*General der Fallschirmjäger Eugen Meindl (links) und frierende
Landser, die sich an einem Lagerfeuer wärmen (rechts).*

Die Lage in der Lücke zur 4. Panzerarmee ließ keinen Aufschub zu. Noch am gleichen Tage wurde das Regiment dem LVII. Panzerkorps mit dem Auftrag unterstellt: „[...] zusammen mit möglichst starken Kräften der Gruppe Meindl entlang der Straße Juchnow–Gschatsk nach Norden vorzustoßen und weitere Überflügelungen durch den Feind (33. Armee) zu verhindern."

Fallschirmjäger-General Eugen Meindl, durch den Kreta-Einsatz 1941 bekannt geworden, wurde zum Führer einer Kampfgruppe bestimmt, die sich aus Teilen des Heeres, der Luftwaffe (Fallschirmjäger) und der Waffen-SS zusammensetzte. Meindl kam mit Stabsteilen seines Regimentes und einem Bataillon im Lufttransport nach Juchnow. Die beiden anderen Bataillone wurden zu den Heeresgruppen Nord und Süd geflogen.

Am 22. Januar 1942 wurde das SS-Infanterieregiment 4 im Rahmen der Kampfgruppe Meindl per Lkw nach Fedjukowo, 30 Kilometer nördlich von Juchnow vorgefahren. Während Fallschirmjäger sowie I. und II. Bataillon des SS-Infanterieregiments

4 am 23. Januar bei Krapiwka über die Sicherungen der 17. und 268. Infanteriedivision hinweg nach Norden vorstießen und kämpfend den Raum Sacharow erreichten und sicherten, wurde das III. Bataillon von Fedjukowo nach Osten angesetzt und erreichte unter schweren Kämpfen am Abend des 23. Januar das Doppeldorf Kolodesi-Agaryschi. Damit war aber die Verbindung mit der weiter ostwärts stehenden 268. Infanteriedivision noch nicht hergestellt, der südliche Versorgungsschlauch der 33. Armee war noch offen. Bei Priselje konnten die Russen erneut die Straße Juchnow–Gschatsk sperren und die Gruppe Meindl einschließlich SS-Infanterieregiment 4 von ihren Verbindungen nach Juchnow abschneiden.

Am Abend des ereignisreichen Tages schrieb Truppenarzt Dr. Lipok in sein Tagebuch: „23.1.1942 – Fedjukowo: Priselje ist in russischer Hand. Die Verbindung mit Juchnow ist unterbrochen. Es gibt keine Munition, keine Verpflegung, keinen Nachschub von dort, aber für mich ist das Problem: Wir kriegen unsere Verwundeten nicht weg! Ich habe etwa achtzig, zum Teil Schwerverwundete zu versorgen, mit den Instrumenten eines Truppenarztes. Mit Sanitätern, die für solche Aufgaben nicht ausgebildet wurden, mußten wir den Hauptverbandplatz ersetzen. Unter normalen Verhältnissen ohne Winter und Rückzug hätte mancher arme Kerl seine Glieder behalten können. So wird ein Teil der Verwundeten zu hilflosen Krüppeln, viele werden sterben, ein großer Teil wird Jahre brauchen, um sich zu erholen. Die Schuld liegt bei den oberen und höchsten Dienststellen, aber wer kann von unserem kleinen Gesichtsfeld Schuldige und Versager oder Fahrlässigkeit feststellen? Wie wenig ist man doch über Stand und Lage der Front informiert. Man hört gelegentlich von einem Verwundeten, daß zum Beispiel das Nachbardorf seit gestern wieder den Russen gehört."

Der Kampf um die Verbindung nach Juchnow wurde dramatisch. Priselje am südlichen Versorgungsschlauch der 33. Armee wurde von den Sowjets blockiert. Am 29. Januar, um 19.30 Uhr, setzte das SS-Infanterieregiment 4 von Fedjukowo folgenden Funkspruch an das XII. Armeekorps (Juchnow) ab: „Regiment seit drei Tagen abgeschnitten, hält mit 742 Männern zehn Dörfer. Bei massiertem Angriff und fehlender Munition besteht die Gefahr eines Durchbruchs."

Das SS-Infanterieregiment 4 und die Kampfgruppe Meindl wurden unzureichend aus der Luft versorgt. Sie standen zwischen den beiden Durchbruchs- und Versorgungsschneisen bei Sacharow und Priselje.

Das sowjetische Oberkommando setzte zur Verstärkung der 33. Armee die 43. Armee in den Schneisen an, um sie auszuweiten. Dabei wurde das in Kolodesi-Agaryschi stehende III. Bataillon des SS-Infanterieregiments 4 angegriffen. Dazu notierte Dr. Lipok in sein Tagebuch: „1.2.1942 – Fedjukowo: Als Truppenarzt habe ich noch keinen so traurigen Tag wie gestern erlebt. Es war der zweite Akt des Sterbens unseres Regimentes. Wir mußten Kolodesi-Agaryschi aufgeben, wo die Sowjets mit starken Infanteriekräften und sieben Panzern eingebrochen waren, die alles überrollten."

Am 5. Februar kam es dann zum Kampf um Kolodkino und Nowo Derewnaja, mit ähnlichen Situationen wie in Kolodesi. Der Ort mußte aufgegeben werden. Nachts erfolgte ein Gegenangriff des II. Bataillons mit Sturmgeschützen. Sechs russische Panzer, die Stütze ihrer Infanterie, wurden vernichtet. Kolodkino und Nowo Derewnaja wurden wieder eingenommen.

Dann ging es wieder um Priselje. Am 6. und 7. Februar wogten die Kämpfe um den Ort hin- und her. Endlich, am 8. Februar, war Priselje endgültig in deutscher Hand, und einen Tag später konnten 34. und 98. Infanteriedivision den starken sowjetischen Basisstützpunkt im Waldlager nordostwärts Priselje ausräumen. Die Straße Fedjukdwo war frei, die Verwundeten konnten abtransportiert werden.

Danach unternahm die 43. Armee neue Anstrengungen an der nördlichen Durchbruchsschneise. Ab 18. Februar ging es um den Ort Sacharowo. Die hier fechtende 17. Infanteriedivision des Generalmajors Gustav Adolf von Zangen wehrte sich verbissen, wurde von Teilen der 98. Infanteriedivision und des SS-Infanterieregiments 4 verstärkt. Deutsche Artillerie ging im direkten Beschuß gegen T 34 vor. Stukas vom Typ Junkers Ju 87 des VIII. Fliegerkorps schafften Luft. Die links daneben neu eingesetzte 268. Infanteriedivision unter Oberst Heinrich Greiner fing nach Westen durchgebrochene Kräfte ab. Endlich kam eine lose Verbindung mit der von Norden vorstoßenden 20. Panzerdivision zustande. Die 43. Armee stellte ihre Durchbruchsversuche ein, die 33. Armee blieb eingeschlossen.

Ende Februar/Anfang März 1942 wurde die 4. Armee auf die Worja–Ugra-Linie zurückgenommen, am 3. März Juchnow geräumt. Aber noch lange gingen die Kämpfe um einzelne Orte, Waldstücke und Versorgungswege weiter. Verteidigungspfeiler waren die Orte, und dazwischen gab es keine zusammenhängende Frontlinie sondern nur stehende Spähtrupps, die das Gelände überwachten. „Wer kesselt wen?" fragte Dr. Lipok in seinem Tagebuch. „Wenn man nachts vor die Haustür geht, leuchten ringsum Brände. Leuchtspurgeschosse, Gewehr- und MG-Feuer überall. Dazwischen des helle Bellen der Pak und die dumpfen Abschüsse der Artillerie."

Ende Januar flatterten im Raum Juchnow russische Flugblätter vom Himmel. Die Titelüberschrift lautete in Großbuchstaben: „Die Wahrheit – Die Offensive der Sowjet-Truppen". Weiter hieß es: „Die Sowjettruppen setzen ihre Offensive an der Mittelfront fort und brechen hartnäckigen Widerstand des Gegners.

Die neuen Reserven, die das deutsche Kommando an verschiedenen Abschnitten eingesetzt hat, halten dem Drucke der Roten Armee nicht stand und ergreifen ebenfalls die Flucht. Bei dem Dorfe Krjukowo wurde das III. Bataillon des Infanterieregiments 4 der SS-Division zertrümmert. Über 200 Soldaten und Offiziere blieben auf dem Schlachtfelde zurück, die übrigen entflohen.

Im Südabschnitt der Front verfolgten die Sowjettruppen, nachdem sie die Deutschen aus der Stadt Suchinitschi hinausgeschlagen hatten, die Überreste der 208. und 210. deutschen Infanteriedivision. An einem Tage nur vernichtete ein Sowjettruppenteil über 200 deutsche Soldaten und Offiziere, beschädigte zwei Tanks, einige Geschütze, erbeutete fünf Geschütze, vier Fahrzeuge und viel anderes Kriegsgerät."

Interessant an dem Flugblatt ist die martialische Wortwahl des Textes. „Vernichtet" steht in der Bedeutung von getötet. Beachtenswert auch, daß dieses Flugblatt – das ja immerhin gegen die Kampfmoral der deutschen Soldaten gerichtet war – nichts von Gefangenen erwähnt. Damit war dem Leser klar, daß die Gegenseite keine Gefangenen machte, was den Kampfgeist und damit den Widerstand der deutschen Truppen nur verstärken konnte. Bezüglich des erwähnten III. Bataillons des SS-Infanterieregimentes 4 handelte es sich um den Kampf um Kolodesi-Agaryschi.

162

In seinen *Erinnerungen und Gedanken* notierte Schukow: „Im Februar und März verlangte das Hauptquartier, unsere Angriffshandlungen in westlicher Richtung zu verstärken, doch die ‚Fronten' hatten zu diesem Zeitpunkt ihre Mittel und Kräfte erschöpft."

Und in der *Geschichte des Großen Vaterländischen Krieges* heißt es dazu: „Die Überschätzung der eigenen Erfolge wurde nicht den tatsächlichen Gegebenheiten gerecht. Die Zersplitterung der strategischen Reserven führte zum Fehlen der notwendigen Kräfte an den Durchbruchslücken. Das Verzetteln der Panzer- und Kavallerieverbände ließ keine Schwerpunktbildung zu. Diese Fehler führten dazu, daß sich die deutschen Kräfte fangen und zur Verteidigung einrichten konnten."

Dieses späte Eingeständnis von Sowjetseite überführt das oben erwähnte Flugblatt der Lüge: Die deutschen Truppen zogen sich kämpfend zurück, hatten Verluste, aber sie flohen nicht.

Die andere Seite

Was sich auf deutscher Seite abspielte, haben wir erfahren. Was auf der Gegenseite geschah, vermittelt das Tagebuch eines jungen Russen, der im Abschnitt des III. Bataillons des SS-Infanterieregiments 4 tot aufgefunden wurde. Das Tagebuch gibt auch einen Einblick in den Zustand von vielen russischen Verbänden, die neu aufgestellt worden sind. Zweifellos hatte die Rote Armee vor Moskau durch das Zufließen frischer Verbände (etwa zehn Divisionen) aus dem Fernen Osten erheblich an Kampfkraft gewonnen, aber das wird in der deutschen Kriegsliteratur meistens überbewertet. Die überwiegende Anzahl der sowjetischen Verbände war nicht mehr mit denen der ersten Tage und Wochen des Rußlandkrieges zu vergleichen, als die Rote Armee aus den hochgerüsteten, gut ausgebildeten und ausgerüsteten Einheiten bestand, die sich im Sommer 1941 bereit zum Angriff auf den Westen gemacht hatten. Die Auffüllungen und Neuaufstellungen im Herbst/Winter 1941 geschahen dagegen hastig und unter Verwendung schlecht ausgebildeter Rekruten mit mangelhafter Ausrüstung und unzureichender Versorgung. Das Tagebuch gibt Auskunft darüber. Der junge Russe hatte alle Stationen des Leidens, des Kampfes und des unbarmherzigen Winters durchschritten. Er lernte den Hunger kennen und urteilte abfällig über Partisanen, die sich nur durch Gewaltmaßnahmen gegen die eigene Bevölkerung hinter der Front halten konnten. Sein Weg begann ohne militärische Ausbildung. Die Einkleidung, Bewaffnung und Formierung zu Einheiten erfolgte auf dem Weg zur Front. Ständiges Marschieren und – ohne Nachschub – zu einem langsamen Hungertod verurteilt, das war das erschütternde Schicksal dieser von der sowjetischen Führung verheizten jungen Soldaten.

„21.1.1942 – Wir sind zur Sammelstelle gekommen. Um 6.55 Uhr geht unser Zug. Kiewer Bahnhof in Moskau. Stimmung schlecht. Man sagt, daß wir an die Front fahren. Einsteigen. Der Waggon ist bequem, habe geschlafen.

22.1.1942 – Um 3 Uhr nachts in Naro Fominsk. Kein einziges bewohnbares Haus. Um 10 Uhr in Borowsk angekommen. Borowsk ist sehr zerstört. Unsere Stimmung ist schlecht, wir marschieren weiter.

23.1.1942 – Die Richtung stimmt, wir marschieren zur Front. Habe mir den Fuß erfroren. Viele sind zurückgeblieben. Boris, Wachim und Alexander sind zurückgekehrt. Alles ist sinnlos! Wir marschieren in der Nacht, die Ortsnamen bleiben mir unbekannt.

24.1.1942 – Wir sind weiter vorangekommen. Rundherum brennen die Dörfer. Am Tage zwei Stunden ausgeruht. Marschieren weiter. Für ein Paar Stiefel haben wir Kartoffeln bekommen. Zum Lachen!"

Der Eintrag zeigt, daß auch die Rotarmisten sich aus dem Lande versorgen mußten. Sie erhielten keinen Nachschub, Proviant mußte durch Tauschhandel bei der Zivilbevölkerung organisiert werden. Ähnlich handelten die deutschen Landser, nur daß die russische Bevölkerung weniger auf deutsche, im Winter – weil genagelt – wenig brauchbare „Knobelbecher" als auf das von den Feldbäckereien frisch gebackene „Kommißbrot" erpicht war. Dies wurde häufig gegen Milch, Eier, Beeren oder Pilze getauscht.

„25.1.1942 – Wir bewaffnen uns allmählich, haben eine Handgranate gefunden. Mit einem Wagen sollen wir unseren Haufen einholen. Wir sind noch nicht ausgerüstet, außer mit Filzstiefeln. Am Abend haben wir unseren Haufen eingeholt, wir werden formiert und bekommen das erste Mal zu essen. Welch ein Durcheinander! Die Verhältnisse sind schrecklich. Habe Boris verloren."

Die Notiz belegt, daß sogar an Waffen Mangel herrschte. Nicht selten ist es im Krieg vorgekommen, daß Rotarmisten ohne Waffen gegen deutsche Stellungen anrannten. Die Kommissare und Offiziere sagten ihnen, sie sollten sich die Waffen von den Gefallenen holen.

„26.1.1942 – Habe einen Brief an Natjuscha geschrieben. Wir sind in einem Dorf untergekommen. Artilleristen haben uns zu essen gegeben. Von Ruhe ist wenig zu merken. Abends werden wir eingekleidet und haben Waffen bekommen, marschieren dann weiter.

27.1.1942 – Erster scharfer Schuß! Während der Wache hätten wir beinahe einen Kameraden erschossen. Ich fühle mich wie im Traum. Rund um uns brennen die Dörfer. Wir marschieren durch Schankij-Süd.

28.1.1942 – Frühmorgens kommt Boris, er ist unserer Gruppe zugeteilt. Wir marschieren durch Kobelewa und Nowaja Luka. Boris und ich übernachten in Nowaja Luka.

29.1.1942 – Jetzt wissen wir genau, daß es nach Wjasma geht. Wir marschieren nachts. Schlafen zwei, drei Stunden. Bin sehr müde. Verpflegung ist gut. Boris ist krank geworden, hat keinen Appetit.

30.1.1942 – Befehl gekommen, das Dorf Demikowka zu besetzen. Aus strategischen Erwägungen werden wir nicht eingesetzt. Wir ziehen durch das Dorf Krasnoje, vor uns sind die Deutschen.

31.1.1942 – Wir sind nicht weitermarschiert, sondern kehren zurück nach Krasnoje. In einem leeren Haus Quartier gemacht. Schon seit vier Tagen werden wir von feindlichen Fliegern beschossen. Die Stimmung ist schlecht.

1.2.1942 – Um Mitternacht aus Krasnoje abmarschiert. Richtung unbekannt. Passieren einige Ortschaften und kommen in das Dorf Wjalowka. Hier bleibt das Regiment, nur das I. Bataillon marschiert weiter. Der letzte Befehl lautet: Die Deutschen aus dem Dorf Krapiwka herauszuschlagen. Wir nähern uns dem Dorfe, kein Schuß fällt, Kampfordnung eingenommen, Boris und ich am rechten Flügel. Wir kriechen etwa 150 Meter bis zum Dorfrand und schießen mit Gewehren und MG. Wir arbeiten uns weiter vor. Auch die Deutschen eröffnen das Feuer. Drei Meter vor mir höre ich ein Stöhnen, unser Gruppenführer Nasarenko ist verwundet – Fußschuß. Ich schleppe ihn im starken Feuer zirka 300 Meter zurück, plötzlich verliere ich die Besinnung. Zur Besinnung gekommen, liege ich in einem Graben und werde von einem Sanitäter verbunden – Gesichtsschuß. Ein netter Kerl, dieser Sanitäter aus Nowosibirsk! Ich krieche auf die Straße zu – inzwischen ist es hell geworden –, komme aber nur langsam voran. Rund um mich pfeifen die Kugeln. Etwa zwei Kilometer mußte ich kriechen, dann bin ich aufgestanden und begab mich zum Verbandsplatz. Hier erfahre ich, daß wir Krapiwka nicht genommen haben; erfahre auch, daß Boris dreimal verwundet worden ist und die Füße erfroren hat. Kampfresultat: 15 Verwundete, 12 am Leben geblieben, alle andern tot, auch der Bataillonskommandeur, der Polit-Kommissar, alle MG-Leute und andere."

Wenn man von einer Bataillonsstärke von 400 Mann ausgeht, sind diese Verluste verheerend gewesen: Ein ganzes Bataillon war vernichtet worden. In Krapiwka, etwa fünf Kilometer nördlich von Fedjukowo, verteidigten die Kräfte der Kampfgruppe Meindl.

„2.2.1942 – Den ganzen Tag suche ich das Sanitätsbataillon. Habe bei einem Bauern übernachtet. Meine Unterlippe schmerzt sehr.

3.2.1942 – In Beljajewo, bei einer Alten, sie hat mir gut zu essen gegeben. Die Lippen tun weh. Hier liegen einige Fahrer, sie wollen mich bis Borowsk bringen. Brave Jungen!

4.2.1942 – Will nicht mehr auf den Wagen warten, gehe zu Fuß nach Nowaja Luka. Habe geschrieben, daß ich verwundet bin.

5.2.1942 – Morgens habe ich erfahren, daß die Straße nach Borowsk abgeschnitten ist. Wir befinden uns in einem Kessel. Bald soll die wichtige Straße wieder geöffnet werden. Halten Babinki.

6.2.1942 – Habe Leidensgenossen getroffen. Eine Pistole vom Typ Tokarew gefunden. Hungere sehr. Die Bevölkerung ist geizig. Habe 500 Rubel beim Kartenspiel gewonnen. Ich schlafe viel, hole nach.

7.2.1942 – Nichts zu fressen. Die Bevölkerung ist schrecklich. Am Abend habe ich bei einer Wirtin in Kobelowa gut gegessen. Ringsum brennt alles.

8.2.1942 – Seit 24 Stunden wohne ich bei Natascha, einer guten Frau. Sie gibt mir gut zu essen. Lippe schmerzt sehr. Ich suche das Sanitätsbataillon. Bleibe in Nowaja Luka.

9.2.1942 – Wir sitzen schon fünf Tage im Kessel. Ich ziehe nach Staraja Luka um. Im Laufe des Tages habe ich vier ganze Kartoffeln bekommen. Verfluchtes Smolensker Gebiet!

10.2.1942 – Ein verwundeter Leutnant ist gekommen und hat erzählt, daß eine Möglichkeit besteht, aus dem Kessel herauszukommen. Wir marschieren nach Babinki–Kobelewa–Guljajewo. In Guljajewo treffen wir auf Partisanen.

11.2.1942 – Um 4 Uhr treten wir zum Durchbruch an. Wir sind zwölf Mann. Sind nicht durchgekommen – Grund: Es waren

Feiglinge, die nicht im Kampf, sondern durch Fliegerbeschuß verwundet worden sind. 70 Kilometer zurückgelegt, ohne Erfolg.

12.2.1942 – Immer noch nichts zu fressen. Gehe von Guljajewo nach Kobelewa zu Natascha. Sie hat mich gut empfangen, ich habe gegessen und bin satt. Ob die Unsrigen die Straße bald freimachen?

13.2.1942 – Bei Natascha übernachtet. Morgens kam die Nachricht, daß die Deutschen Schelomzy eingenommen haben. Natascha ist nach Babinki gegangen, ich nach Buslawa. Unsere Lage ist unheimlich.

14.2.1942 – In Buslawa übernachtet. Morgens ziehen wir wieder über Nowaja Luka–Borisenki nach Kosly. Nichts zu fressen. Die Einwohner sind schrecklich. Frohe Nachrichten: Aus Berinskij kommt die 9. Gardedivision!

15.2.1942 – Vielleicht werden wir bald befreit! Habe ein Ferkel und zwei Hühner gestohlen. Kein Brot. Ein Alter will uns bis Semyzkoje bringen, vielleicht kommen wir doch noch raus. Morgens aus Kosly nach Kobelewa. Wir sind schon 13 Tage eingekesselt. Stimmung schlecht. Wir sind jetzt in Dolschenki. Drei Kilometer vor uns sind die Deutschen. Ringsum brennt es.

17.2.1942 – Bei einer Wirtin ein Laib Brot genommen. Wir haben sie erst um ein Stückchen Brot gebeten, aber sie sagte, sie habe nichts. Wir sahen aber vorher, wie sie in der Kammer drei Laibe versteckte. Wir fanden dann nur einen Laib, die anderen müssen andere genommen haben. Wir haben keine Gewissensbisse: Die Alte hatte ja kein Brot gehabt. Unsere Mägen sind nun etwas lustiger. – Manche Deutsche behandeln unsere Bauern schlecht. Viele haben es verdient, weil sie auf die sogenannte Befreiung warten. Jetzt haben sie die Befreiung! Unsere Bauern sind primitiv, äußerlich grob, aber in gewissen Dingen sehr empfindsam und feinfühlig. Sind die Deutschen gute Diplomaten? Die Bevölkerung hier im Smolensker Gebiet ist mir besonders unsympathisch. Es gibt natürlich Ausnahmen. Verfluchte Bevölkerung in diesem Gebiet! Wenn ich die Macht hätte, würde ich 90 Prozent erschießen. Einen interessanten Fall habe ich in Kobelewa beobachtet: Hier ist eine große Sowchose. Die Bauern leben gut. Ich gehe in ein Haus und bitte um ein Stückchen Brot – Absage. Ich gehe in ein zweites und drittes – Absage. Zwei Tage später greifen die Deutschen an, und ich muß aus der Ferne dabei zusehen, wie die Bauern aus den genannten Häusern Säcke voll Brot und anderes anschleppen. Wer diese Zeilen lesen wird, wird die Einstellung der Bewohner des Smolensker Gebietes zur Roten Armee richtig bewerten können."

Die immer wiederkehrende Floskel „Die Bauern sind schrecklich" bezieht sich offensichtlich auf den weit verbreiteten Unwillen der Zivilbevölkerung, die versprengten Rotarmisten mit Lebensmitteln zu versorgen, obwohl – der Autor führt es aus – die Menschen selbst keinen Hunger litten. Er will sogar gesehen haben, daß sie den deutschen Soldaten bereitwillig gaben, was sie den Russen verweigert hatten. Dieses Verhalten befördert seinen Unmut, sogar den Haß auf die bäuerliche Bevölkerung, von der er 90 Prozent erschießen lassen würde. Ihm kommt offenbar nicht in den Sinn, daß es genau diese typisch stalinistische Terrormaßnahme – Lebensmittel oder Erschießen – ist, die die Bauern in dieser Lage, da die Sowjetmacht angeschlagen war, zum Feind überlaufen ließ, von dem sie sich „Befreiung" erhofften, Befreiung zumindest von Zwangsrequirierungen von Nahrungsmitteln unter ständiger Todesdrohung.

Diese Momentaufnahme wirft auch ein interessantes Schlaglicht auf den sogenannten Hungerplan, durch den die deutsche Besatzungsmacht angeblich die sowjetische Zivilbevölkerung systematisch verhungern lassen wollte, um die eigene Truppe aus dem Land zu ernähren und die Überschüsse ins Reich abzutransportieren. Das Tagebuch zeigt, daß die Menschen in diesem Frontabschnitt nicht hungerten, und das zu einer Zeit, da sowohl Wehrmacht als auch Rote Armee – vom eigenen Nachschub abgeschnitten – kämpfend durch diese Gegend zogen und sich aus ihr verpflegten.

„19.2.1942 – Jetzt sitze ich bei Natascha im Zimmer und denke, daß ich, wenn ich nach Moskau komme, alle meine Lieben wiedersehen werde, die Natinka, Mutter, alle Jungens; aber wenn man im Kessel sitzt und man nicht weiß, ob es einem gelingen wird, aus diesem verfluchten Gebiet herauszukommen, ist einem wirklich nicht gut zumute! Manchmal denke ich, ist denn das mein Schicksal, in diesem verfluchten Gebiet zu verrecken? Jetzt mache ich mir Vorwürfe, daß ich nicht mit dem Aeroklub nach Gorki gegangen bin. Ja, das kommt, wenn man nicht auf die Ratschläge der Eltern hört!

20.2.1942 – Ich wundere mich und kann die Lage nicht begreifen, daß wir schon 18 Tage umzingelt sind! Können Sie sich vorstellen, daß sich von Krasnoje bis Kobelewa Tausende von Verwundeten befinden? Ich wundere mich, daß unsere Truppen drei Ortschaften nicht nehmen können, damit der Weg frei ist. Und die Lage wird immer schlechter. Die ganze Zeit hören wir neue Parolen; einer sagt, Bereski ist feindfrei, der andere sagt, in Bereski sind die Deutschen. Ich fühle, daß ich schon verwildere und stumpfsinnig werde. Eine kleine Hoffnungsflamme glimmt dennoch in mir. Vielleicht komme ich einmal nach Moskau zurück und werde Natiska und alle anderen wiedersehen. Wie ein Filmband rollt mein ganzer Lebensweg vor mir ab. Aber ich bin nicht mehr der Nikolai von damals, sondern durch und durch ein verwundeter Kämpfer der Roten Armee.

21.2.1942 – Ich bin schon seit 20 Tagen verwundet. Die Wunde heilt schlecht. Die Stimmung ist schlecht. Zu uns kam ein Kerl ins Haus, der erzählte, daß Stalin von unserer Lage erfahren und befohlen hat, uns bis zum 23. zu befreien. Ich habe wenig Hoffnung. Man hört die ganze Zeit von Osten her schießen. Seit vier Tagen befinden wir uns wieder in Kobelewa, ich schreibe, während noch zwei Mann bei mir sind. Ehrenwort – wenn das noch 15 Tage lang andauert, werde ich wahnsinnig.

22.2.1942 – Mitternacht. Die Stunde der Befreiung soll nun bald schlagen. Wir haben alle Hoffnung aufgegeben. Ist das ein Leben?! – Kann man denn leben, wenn zwei Kilometer entfernt von uns in jeder Richtung der Deutsche sitzt? Wir hoffen nicht mehr, eines natürlichen Todes zu sterben. Ich weiß schon genau, daß ich hier in diesem verfluchten Gebiet werde sterben müssen. Wir stehlen, sonst sterben wir vor Hunger. Über die verfluchten Partisanen will ich hier einige Worte schreiben: Hier im Smolensker Gebiet gibt einheimische Partisanen, sie berauben seelenruhig die Zivilbevölkerung und kümmern sich gar nicht um die Deutschen. Sie verpflegen sich sehr gut. Wenn ich bessere Verpflegung hätte, könnte ich mich physisch sehr gut erholen. An Moskau darf ich nicht denken, sonst werde ich noch früher wahnsinnig.

23.2.1942 – Wenn nur jemand aus Moskau unsere Lage sehen könnte! Die Lage ist folgendermaßen: Die Deutschen weichen unter dem Druck unserer Kräfte von Osten in Richtung Wjasma zurück, aber nicht wie wir es gemacht haben, sondern in heim-

Oben: Zahlreiche eingekesselte Rotarmisten gehen in Gefangenschaft.

Unten: Durchbruchsversuche mit Panzerunterstützung bleiben im deutschen Abwehrfeuer liegen.

tückischer Schlauheit. Heute bin ich wieder in Kosly, aus Nowaja Luka gekommen. Habe etwas gegessen. Wenn unsere Truppen nur vorwärtskommen würden! Mein Ehrenwort, ich würde Natja tausendmal küssen. Hauptsache ist es, am Leben zu bleiben.

26.2.1942 – Die ganze Nacht hat Artillerie geschossen. Wo, das wissen wir nicht. Wir befinden uns in einer gut zugekorkten Flasche. Wir denken nur noch an die gegenwärtigen Stunden. Alle fressen Pferdefleisch und kochen Hafer. Man muß stehlen, und dafür kann man erschossen werden. Niemand in Moskau wird sich vorstellen können, in welcher Lage sich die Armee befindet.

27.2.1942 – Niemals hätte ich mir zugetraut, so viele Entbehrungen und Beleidigungen von seiten der Zivilbevölkerung zu ertragen. Pferdefleisch ist jetzt eine große Delikatesse. Wenn ich auch nicht an einer Kugel gestorben bin, so werde ich wohl dem Hunger erliegen. Mit jedem Tag wird die Hoffnung kleiner, aus dieser Lage gerettet zu werden. Niemand kommt hier heraus! Habe nur einen Wunsch, daß – wenn ich sterben werde – meine Mutter benachrichtigt wird. Ach, wenn sie wüßte, in welcher Lage ich mich jetzt befinde.

1.3.1942 – Ein Monat ist vergangen, seitdem ich verwundet wurde, das heißt, einen Monat treibe ich mich schon in diesem verfluchten Gebiet herum. Die Lage wird immer schlimmer. Absolut nichts zu fressen. Ich befinde mich in Beljajewo, und hier werde ich wohl verrecken. Ach, Nikolai, wenn Du am Leben bleibst, wirst Du zeigen, was leben bedeutet!

2.3.1942 – In Beljajewo übernachtet. Habe schon keine Zeit mehr zum Schreiben. Die Lage ist so schrecklich, daß man lieber gar nichts denken und schreiben will!

3.3.1942 – Beljajewo. In einem Dampfbad übernachtet. Überall Läuse. Über das Fressen will ich nichts mehr schreiben. Wir essen schon Pferdeleichen.

4.3.1942 – Ein gelungener Tag. Habe einen ganzen Pferdeschenkel organisiert und einen Eimer Kartoffeln.

5.3.1942 – Ich weiß nicht, wie ich noch existieren soll.

6.3.1942 – Stimmung etwas besser. Die ganze Nacht hat es geschossen. Vielleicht werden wir doch noch befreit. Menü: gefrorene Kartoffeln à la russe.

7.3.1942 – Tauschgeschäfte: Für meinen Schal ein Stück Brot und ein Kochgeschirr Kartoffeln bekommen. Nach Pferdefleisch

Ein sowjetischer Tankist ergibt sich.

sind Kartoffeln eine Wohltat. Die Stimmung ist schrecklich, wie soll man weiterleben?

8.3.1942 – Beljajewo. Ein Stückchen Pferdefleisch gegessen. Gerüchte: Wir sollen am 10.3. befreit werden. Wir glauben aber nichts mehr.

10.3.1942 – Die Deutschen haben Nowaja Luka, Staraja Luka und Staro-Selje genommen. Jetzt haben wir noch weniger Hoffnung.

14.3.1942 – Denke an Moskau, Natja, meine Lieben. Habe geträumt, daß ich aus dem Kessel rausgekommen bin und Weißbrot esse.

15.3.1942 – Das Leben wird immer unerträglicher. Heute haben wir einen Pferdekopf geklaut und davon Brühe gekocht, ohne Salz. Alle mußten kotzen.

16.3.1942 – Ich beneide Boris, Wachim und Alexander, daß sie zurückgeblieben sind. Der Ring um uns wird immer enger. Eine Typhusepidemie beginnt.

17.3.1942 – Immer noch in Beljajewo. Immer dieselben Gerüchte: Unsere sollen aus Richtung Juchnow kommen und haben das Dorf Slobotka (10 Kilometer von hier) genommen. Habe Angst vor Typhus. Ob mal der Tag kommt, an dem ich mich wieder satt essen kann und meine Lieben wiedersehen werde? Will nicht weiterschreiben.

18.3.1942 – Habe meine Alte mit einem Sack Röstbrot bestraft. Das ist eine große Sache. Habe mich vollgefressen und nun Bauchschmerzen bekommen. Bin sehr schwach.

19.3.1942 – Der Zwieback ist alle. Die Hälfte haben wir gegen Tabak eingetauscht. Die Stimmung ist schrecklich.

20.3.1942 – Der Deutsche greift an und besetzt Borki. Wir können nicht in Beljajewo bleiben. Haben versucht, durch die Front zu kommen, müssen aber nach Beljajewo zurück."

Mit dieser Eintragung endet das Tagebuch des jungen Rotarmisten, der im Kessel der 33. Sowjetarmee, im Hinterland des III. Bataillons des SS-Infanterieregiments 4 den Tod gefunden hat.

Die Sowjets konnten ihr Ziel – die Vernichtung der Heeresgruppe Mitte – wegen der Standhaftigkeit der deutschen Soldaten nicht erreichen. Ihre weit vorgeeilten Stoßkeile wurden abgekniffen und eingeschlossen. Alle Entsatzversuche schlugen fehl.

Als das SS-Infanterieregiment 4 das Schlachtfeld verließ, lag das Land noch unter einer dicken Schneedecke begraben, aber bereits wenige Tage später zog langsam der Frühling ins Land. Die Straßen und Wege versanken im Frühjahrsschlamm, die Ugra befreite sich vom Eis und wurde so wieder zu einem natürlichen Hindernis. Damit war die Krise bei der Heeresgruppe Mitte endgültig gebannt.

„Anfang April 1942 verschlechterte sich die Lage bei Wjasma", berichtete Schukow in seinen Memoiren: „Der Gegner hatte große Kräfte konzentriert und begann, uns (I. Gardekavalleriekorps, 33. Armee und Fallschirmjäger) auf den Leib zu rücken. Das Tauwetter, das Ende April eintrat, nahm der Gruppe die Beweglichkeit und schwächte die Verbindung zu den Partisanengebieten, aus denen sie Nahrungsmittel und Pferdefutter erhielt. Den Generalen Below und Jefremow wurde erlaubt, mit ihren Truppen zu unserer Hauptfront durchzubrechen."

In der zweiten Aprilhälfte wurden auch die eingeschlossenen sowjetischen Kräfte im Rücken der deutschen Ugrafront nördlich von Juchnow zerschlagen. 1.608 Gefangene, 3.600 Tote, 81 Geschütze, 79 Granatwerfer, 400 Schlitten und 300 Pferde wurden allein im Hinterland der 34., 98. und 268. Infanteriedivision als russische Verluste und Beute verzeichnet. Es ist der Abschnitt, in dem auch das SS-Infanterieregiment 4 einmal gefochten hat.

Der Kampf gegen die Hauptkräfte, gegen die Kräfte des Generalleutnants Below, klang erst gegen Ende Mai aus. Trotz Einkesselung gelang es großen Teilen des I. Gardekavalleriekorps und der 4. Luftlandebrigade am 9. Juni 1942, nach Süden durchzubrechen. Unter Führung von Generalleutnant Below stürmten und überrannten sie den von der 7. Infanteriedivision besetzten deutschen Sperring bei Kirow.

Generalleutnant Jefremow, Befehlshaber der eingeschlossenen 33. Armee, erhielt von der „Stawka" den Befehl, auf gleichem Wege wie das Kavalleriekorps Below durch die Waldgebiete von Wjasma nach Südosten durchzubrechen und eigene Linien zu erreichen. Jefremow glaubte jedoch, seinen ausgezehrten Restverbänden diesen Umweg nicht zumuten zu können und schlug dem Oberkommando den direkten Weg nach Osten vor. Stalin willigte ein und beauftragte die 43. Armee, nördlich von Juchnow loszuschlagen, um den Ausbruchskräften der 33. Armee den Weg zu öffnen, doch die deutschen Verbände hielten den Ugra-Abschnitt. Die Restkräfte Jefremows waren nicht mehr in der Lage, organisierte und gezielte Durchbruchsversuche über die Ugra nach Osten zu unternehmen. Über das Ende der Gruppe Jefremow urteilte Schukow in seinen *Erinnerungen und Gedanken*: „Wie sich herausstellte, hatten die Deutschen die Gruppe Jefremow auf dem Weg zum Fluß Ugra entdeckt und aufgerieben. Armeekommandeur Jefremow war schwer verwundet; da er jedoch nicht dem Feind in die Hände fallen wollte, erschoß er sich. […] Ein großer Teil seiner Leute kam an seiner Seite um. Generalleutnant M.G. Jefremow hatte die 33. Armee am 25. Oktober 1941 übernommen, als die Deutschen im Vorgehen auf Moskau waren. In der Schlacht um Moskau leisteten die Truppen seiner Armee dem Gegner heftigen Widerstand. Für seine Tapferkeit in den Gefechten vor Moskau wurde M.G. Jefremow der Rotbanner-Orden verliehen."

Auch die deutschen Verbände waren hart mitgenommen. Einige kamen nach Deutschland zur Neuaufstellung, andere wurden im Hinterland der Front aufgefrischt. Das SS-Infanterieregiment 4 und Meindls Fallschirmjäger wurden im Reichsgebiet und in Frankreich wieder zu vollwertigen Kampfeinheiten aufgestockt.

Im Frühjahr 1942 hatte sich die deutsche Ostfront stabilisiert. Die Heeresgruppe Mitte stand in geschlossener Front von Welikije Luki über Bely, Rschew bis ostwärts Orel. Daran schloß die Heeresgruppe Süd über Charkow und Taganrog bis zum Asowschen Meer an. Die Sommeroffensive am Südabschnitt führte die deutschen Truppen bis nach Stalingrad und in den Kaukasus. Mit der Niederlage der 6. Armee bei Stalingrad endeten die deutschen Offensivbewegungen nach Osten und der etappenweise Rückzug, unterbrochen von örtlichen Gegenangriffen, begann. Darum bezeichnet man die Schlacht um Stalingrad auch als Wende im Zweiten Weltkrieg.

Das Ende der Großen Armee 1812/13

Nach der Katastrophe an der Beresina zogen die Reste der Großen Armee Napoleons durch das versumpfte Gebiet von Zembin, wo glücklicherweise noch alle Brücken und Übergänge intakt waren. Dann ging es durch die Kiefernwälder Litauens über Pleszenicz nach Malodeczno. Die Reste des IX. Korps bildeten die Nachhut.

In den zeitgenössischen Überlieferungen heißt es, daß der Elendszug der früheren Großen Armee ständig von Streifscharen der Kosaken beunruhigt wurde, die jedoch nicht angriffen, sobald sie Gewehrfeuer erhielten. Dazu Ségur: „General Efim Tschaplitz, der mit Tschitschagows Vortrab am meisten nachdrängte, hatte zwei ernstliche Angriffe gewagt, am 2. Dezember 1812 vor Pleszenicz und am 3. bei Ilia. Und Wittgensteins Vortrab hatte nur ein Gefecht bei Dolhinow auf halbem Weg zwischen Wilna und Orscha. Der französische General [der ein Bayer war, A.d.Verf.], der ihm hier entgegentrat, war Carl-Philipp von Wrede. Er bekam den Befehl, von Wileika aus auf Nebenwegen nach Wilna zu marschieren, um die Rückzugsstraße der Großen Armee nach Norden hin abzuschirmen, die Wittgenstein ständig bedrohte."

Nach der Verwundung von Marschall Victor an der Beresina führte Markgraf Wilhelm von Baden die Reste des IX. Korps – Polen, Hessen, Badenser und Berger (Großherzogtum Berg) – als Nachhut. Bei Pleszenicz griffen die Russen an, zerschlugen und zersprengten die Nachhut. Hier gingen auch die Reste der bergischen Brigade, die seit Studienka in die badische Brigade eingegliedert waren, unter. Nur wenige Soldaten entkamen nach Westen.

Am 3. Dezember hatte Napoleon sein Hauptquartier in Malodeczno. Von da konnte er wieder die Hauptstraße nach Wilna benutzen. In Malodeczno warteten bereits 20 Eilboten auf den Kaiser der Franzosen. Sie konnten wegen der Kosaken, die an allen Wegen lauerten und Nachschub, Nachzügler und Kuriere abfingen, nicht weiter. Von ihnen erhielt Napoleon schlechte Nachrichten. In Paris war ein Putsch niedergeschlagen worden. Überall in den von Frankreich besetzten Ländern gärte es. Napoleon entschloß sich, schnellstens nach Paris zurückzukehren und erließ zuvor das 29. Bulletin, das freimütig die Ereignisse seit Smolensk schilderte, jedoch die eigenen Waffentaten beschönigte. Am Schluß des Bulletins hieß es, daß alles in die Wege geleitet sei, um die Schlagkraft der Großen Armee wiederherzustellen, daß dazu 20.000 Pferde in den verschiedenen Depots bereitständen, und daß das Material der Artillerie in verschiedenen Lagern bereitliegen würde. Um die Gerüchte über Napoleons schlechten Gesundheitszustand zu entkräften, schloß das Bulletin: „Die Gesundheit seiner Majestät ist nie besser gewesen."

Unter Napoleon wurden offizielle Berichte („Bulletins") über militärische Ereignisse so weit gefälscht, daß die Wendung „lügen wie ein Bulletin" geradezu sprichwörtlich wurde. Dagegen waren die deutschen Wehrmachtberichte eine Ausgeburt an Wahrheit.

Interessant sind die Ausführungen Caulaincourts in seinem Buch *Mit Napoleon in Rußland*, in dem er über die Hoffnungen und Pläne Napoleons nach der Katastrophe an der Beresina berichtete. Napoleon hatte tatsächlich veranlaßt, was das 29. Bulletin erwähnt, aber weder polnische noch litauische Reiterverbände wurden ausgehoben. Napoleons Stern war im Sinken begriffen. Dennoch hoffte der Kaiser, daß seine Armee sich am Njemen fangen und Winterstellung beziehen könne, und zwar unter dem Schutz neu ausgehobener Polen und des österreichischen Hilfskorps unter Schwarzenberg. „Über die Aushebungen von polnischer Kavallerie gab es keine befriedigenden Angaben", berichtete Caulaincourt. „Das Herzogtum war ausgesogen und hatte kein Geld mehr. Der Kaiser, der stets so wenig wie möglich zu geben trachtete, hatte sich, wie man sagte, dadurch selbst dieser polnischen Reiter beraubt, auf die er rechnete und die er jeden Tag zu treffen hoffte. Mit Litauen stand es nicht besser als

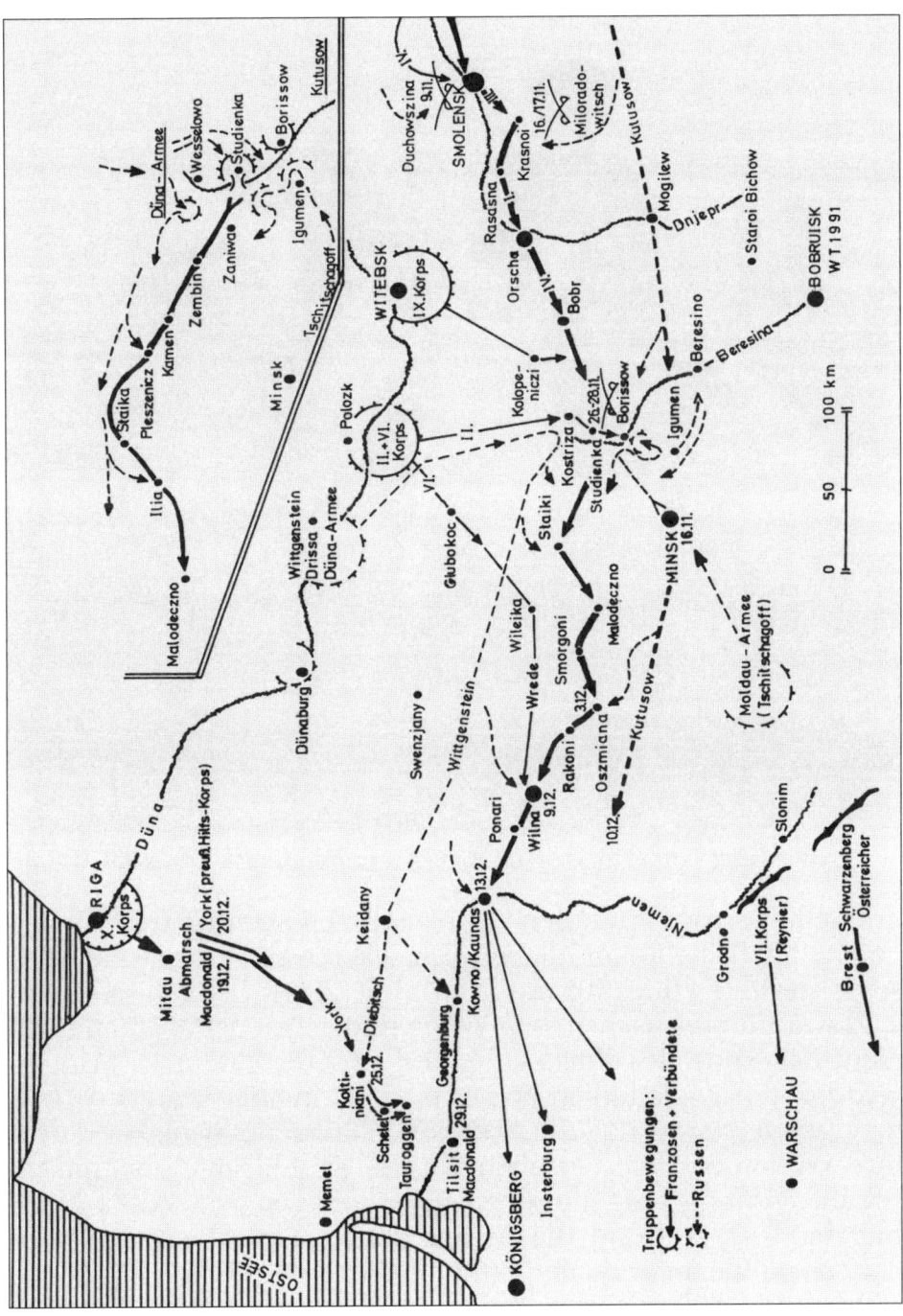

Kartenskizze 14: Rückzug der Großen Armee Napoleons aus Rußland 1812/13

Napoleon verläßt seine Armee und reitet nach Paris.

mit dem Herzogtum (Polen/Warschau). Es war durch den Krieg verwüstet. Seine Reiter blieben aus, wie die aus Polen, und auch seine sonstige Hilfe, auf die der Kaiser gerechnet, fehlte. Schon jetzt war vorauszusehen, daß Wilna und selbst der Njemen noch nicht das Ende des Rückzuges und unseres Unglücks bringen würden. Aber wie üblich ließ er trotz all meiner Einwände keinen Zweifel daran, daß die Armee in Wilna haltmachen und dort ihre Winterquartiere beziehen werde. Er gedachte abzureisen, sobald Fühlung aufgenommen wäre mit den von Wilna kommenden Truppen und die Armee daher keine unangenehmen Zwischenfälle mehr zu befürchten habe."

Nach milden Tagen kam am 5. Dezember ein erneuter Kälteeinbruch. An diesem Tag befand sich das Hauptquartier in Smorgoni, wo Napoleon mit dem Gouverneur von Wilna, Maret, zusam-

Das letzte Gefecht der Badener am 4. Dezember 1812

mentraf. Maret berichtete dem Kaiser über die Anordnungen, die er getroffen hatte. Und der Kaiser war sehr zufrieden. Der Gouverneur hatte Verbindung mit Macdonald in Kurland und mit Schwarzenberg in Wolhynien gehalten und die Versammlung von Reserven, von Marschregimentern und der Reservedivision unter dem Befehl des Generals Louis Henri Loison im Raum Wilna betrieben. Diese frischen Kräfte waren Napoleons Hoffnung.

In Smorgoni hielt Napoleon ein letztes Mal Kriegsrat. Den beteiligten Marschällen und Generalen wies er neue Aufgaben zu und bestimmte Joachim Murat zum neuen Oberbefehlshaber. Den Beteiligten erklärte er, daß seine Gegenwart jetzt in Paris nötiger sei und er die Armee verlassen werde. Als alle gegangen waren, diktierte Napoleon seinem Großstallmeister Caulaincourt einen letzten Befehl.

181

„Smorgoni, den 5. Dezember 1812

Der Kaiser reist um zehn Uhr abends ab. Er wird eskortiert durch 200 Mann seiner Garde, von dem Relais zwischen Smorgoni und Oszmiana bis zum letzteren Ort durch das Marschregiment, das vier Meilen von dort untergebracht ist. Die Befehle sind ihm durch den General Dirk van Hogendorp zu übermitteln.

150 gute Pferde der Garde werden eine Meile vor Oszmiana bereitgestellt. Der Stab des Marschregiments und die Lanzenreiterschwadron der Garde werden zwischen Smorgoni und Oszmiana in Relais aufgestellt.

Die Neapolitaner (Neuzuführung), die die letzte Nacht zwischen Wilna und Oszmiana gestanden haben, stellen 100 Pferde in Mjedniki und 100 in Rumschiki (auf halbem Wege nach Wilna) bereit.

Der General van Hogendorp hält das Marschregiment, das am 6. Dezember in Wilna eintreffen soll, dort an, wo man es gerade trifft, und läßt 100 Pferde auf halbem Wege vor Kowno bereitstellen. Desgleichen in Wilna 60 Mann Eskorte und die notwendigen Pferde."

Als alles geordnet schien, verließ Napoleon am 5. Dezember um 22 Uhr mit einem kleinen Gefolge Smorgoni. Bei Oszmiana entging die kleine Eskorte knapp einer Gefangennahme durch Kosaken.

Napoleon reiste von Wilna nach Warschau. Dort sprach er das letzte Mal vor versammelten Polen und forderte von ihnen die Aushebung von 10.000 Lanzenreitern. Auf einen neuen polnischen Staat, wie ihn die Polen forderten und für den sie mit Napoleon in Rußland gekämpft und geblutet hatten, ließ er sich nicht festlegen. Er vertröstete sie mit neuen Versprechungen. Viele glaubten nicht mehr daran und resignierten. Jetzt fehlte ein Anführer, ein Staatsmann, der einen neuen polnischen Staat, ein neues Polen schaffen könnte.

Am 14. Dezember 1812 war Napoleon in Dresden, am 19. Dezember in Paris. Dort nahm er die Zügel der Staatsführung wieder fest in die Hand. Dennoch konnte er den Zusammenbruch seines territorial aufgeblähten Kaiserreiches, das fast ganz Europa umfaßte, nicht verhindern. Überall erhoben die unterdrückten Völker ihr Haupt, angespornt von der totalen Niederlage Napoleons in den Weiten Rußlands.

„Während Napoleon flüchtete", schrieb Steger, „hatten sich die Schrecken des Rückzuges auf entsetzliche Art gesteigert. Nach dem Übergang über die Beresina bot die Armee einen greulichen Anblick dar. Die Jahreszeit wurde immer strenger, und man war von allem entblößt, was die Einwirkungen derselben verringern konnte. Besonders fehlte es an Fußbekleidung, da die vom Schnee – durch welchen man stets marschierte – angegriffenen Schuhe bald ganz vernutzt waren. Man mußte sich die Füße mit Lappen, Stücken von wollenen Decken und Tierhäuten umwickeln, die man mit Strohseilen oder Bindfäden befestigte. Die übrige Bekleidung stand im genauen Verhältnis zum Schuhwerk. Mit schmutzigsten und auf abenteuerlichste Weise übergehangenen Lumpen bedeckt, den Kopf in sonderbarste Hüllen gesteckt, den Bart ekelhaft und lang, die Haare in Unordnung, die Augen tiefliegend, die Wangen abgezehrt, mit Gesichtern, die alle moralische und physische Leiden ausdrückten, hatte die Armee das Ansehen gräßlicher Phantome. Die Auflösung und Entartung des Heeres war grenzenlos."

Am 6. Dezember befand sich das Hauptquartier Marschall Murats in Oszmiana, zwei Tage darauf in Wilna.

Stadtkommandant und Verwalter der Nachschublager von Wilna war Maret, Herzog von Bassano und Minister Napoleons. Er kannte den wahren Zustand der Armee nicht und hoffte, daß man Wilna halten könne. Die Lager waren voll, zu ihrem Abtransport hatte man keine Vorkehrungen getroffen. Am 9. Dezember kam die Armee in Wilna an. Die Magazine blieben geschlossen – genau nach den Vorschriften der Militärbeamten. Die hungernden und frierenden Soldaten erhielten nichts. Die Magazine fielen später größtenteils in russische Hand.

In das Chaos der in Wilna ankommenden französischen Armee fielen Kanonenschüsse. Auf ihrem Fuße folgte Tschitschagow mit den ihm unterstellten russischen Truppen, und auf einer nördlichen Nebenstraße kam Platow als Vorhut Wittgensteins heran. 2.000 Bayern unter Wrede (Reste des VI. Korps, das an der Düna gestanden hatte, nach Borissow zum Hauptheer stieß und dann die Nordflanke des Rückzuges deckte) und 3.000 Mann der Besatzung von Wilna hielten die Russen einige Zeit auf. Der Oberbefehlshaber Joachim Murat wurde kopflos und befahl am 11. Dezember 1812 die Räumung der Stadt, die auf Anordnung Napoleons gehalten werden sollte. Der beim Kampf um Wilna verwundete Marschall Ney, einst Befehlshaber des französisch-württembergischen III. Korps, verließ mit einer Nachhut als letzter die Stadt.

Die Reste der Armee, noch 4.300 Mann unter Waffen, zogen nach Kowno. Am vereisten Hang von Ponari blieben die meisten der noch vorhandenen Kanonen und Wagen stehen.

Am 12. Dezember 1812 war der Heerhaufen in Kowno – und stürmte die Magazine. Einen Tag später verließ Murat die Stadt. Marschall Ney riß die Initiative an sich und verteidigte bis zum Abend des 13. Dezember mit 1.000 beherzten Soldaten Kowno. Als die Verteidiger von drei Seiten durch überlegene Kräfte angegriffen wurden, zerstörten sie die Magazine, ihre letzten Kanonen sowie die Njemenbrücke und gaben Kowno auf. Noch 200 Bewaffnete waren es, mit denen sich Ney auf der Straße nach Tilsit zurückzog. Am 17. Dezember erreichten sie das ostpreußische Gumbinnen.

„Nach und nach trafen Nachrichten über das Schicksal der Armee ein", erinnerte sich Caulaincourt. Mit ihnen kamen „auch die Adjutanten des Kaisers, die verschiedene Aufträge hatten. Die Stafetten brachten täglich Nachrichten über die Armee, und so erfuhr der Kaiser das Unglück von Wilna. Der Kaiser war sehr unglücklich über die Kunde. Er ließ mich rufen. Sobald er mich sah, rief er mir zu: ‚Hören Sie, Caulaincourt, der König (Murat, König von Neapel) hat Wilna aufgegeben! Er hat nicht eine vernünftige Anordnung getroffen. Die Armee, die Garde sind vor ein paar Kosaken davongelaufen! Die Kälte hat allen den Verstand geraubt. Die Unordnung ist derartig gewesen, daß man, ohne verfolgt zu werden, an dem Berge hinter Wilna (bei Ponari) die ganze Artillerie und sämtliche Fahrzeuge im Stich gelassen hat. Eine solche kopflose Flucht, eine solche Dummheit ist beispiellos! Was hundert beherzte Männer hätten retten können – durch Murats Schuld ist es vor den Augen von mehreren Tausenden von Tapferen verlorengegangen! Ein Voltigeurhauptmann hätte die Armee besser geführt.'"*

Kritik, ja Verwünschungen gegen Murat wurden überall laut, von denen, die weit vom Schuß waren. Sie wußten nicht, wie es bei der Armee tatsächlich aussah. Ordnung und Disziplin waren zerfallen, und jedem ging es nur noch um das eigene Überleben.

---

* Voltigeure waren eine Truppengattung (leichte Infanterie), die Napoleon 1804 als Elitetruppe aufgestellt hatte. In ihr dienten die besten Schützen.

Dazu aus dem Buche von Caulaincourt: „Die Isolierten (Nachzügler und Streuner) nährten sich fast ausschließlich von dem Fleisch der auf der Straße gefallenen Pferde. Wer zuerst kam, schnitt sich ein Stück aus der Keule heraus; der Geschickteste schnitt die Flanke auf und nahm sich die Leber heraus, die in der Tat das weichste und beste Stück war. Das vollzog sich sehr schnell, weil man es eilig hatte, weiterzukommen. Die Glücklichsten unter den Isolierten machten sich einen Brei – wenn anders man es so nennen will, was sie da aus schmutzigem Mehl oder häufiger aus der von den staubigen Resten der Kornböden zusammengekratzten Kleie mit Wasser zusammenrührten. Glücklich, wer noch irgendein Gefäß besaß, in dem er diesen Brei kochen konnte. Dann marschierte man mit diesem Gefäß in der Hand und hütete es sorgfältiger als sein Geld." – Welch eine Parallele zu den Kriegsgefangenen des Zweiten Weltkrieges in Rußland. Auch ihnen waren Kochgeschirr und Feldbesteck die wertvollsten Dinge.

Am 19. Dezember 1812 schlug Joachim Murat sein Hauptquartier in Königsberg auf. Deprimiert und niedergeschlagen trachtete er nur noch danach, so schnell wie möglich nach Neapel zu kommen. Sein letzter Befehl, seine letzte Anweisung war die Bestimmung der Sammlungsräume der einzelnen Korps, und zwar

V. Korps (Polen) in Warschau;
VI. Korps (Bayern) in Plozk;
I. und VIII. Korps (Franzosen, Westfalen) in Thorn;
II. und III. Korps (Franzosen und Württemberger) in Marienburg;
IV. und IX. Korps (Italiener, Polen, Rheinbundler) in Marienwerder;
Garden in Insterburg.

Nach dieser letzten Amtshandlung übergab Murat den Oberbefehl an Eugène, den Adoptivsohn Napoleons, und reiste nach Italien.

Über eine halbe Million Soldaten der Großen Armee Napoleons waren nach Rußland gezogen, „noch einmal nicht 1.000 Bewaffnete kamen zurück", schrieb Steger, „und die armseligen Überreste mit Lumpen bedeckt, mit bleichen Gesichtern, verhungert, erfroren […]"

Die zerlumpten Reste der „Grande Armée" erreichen Ostpreußen.

Am 21. Dezember 1812 traf Zar Alexander I. in Wilna ein. Er verhielt sich großmütig gegenüber dem litauischen Adel, der mit den Franzosen paktiert hatte. Und er kümmerte sich um die Verwundeten und Kranken – um Freund und Feind.

Die Russen blieben an ihrer Grenze am Njemen stehen. Hätten sie in der letzten Zeit energischer angegriffen, wäre kein Soldat der Reste der Großen Armee über den Njemen entkommen.

Die Ereignisse bei den Flügelarmeen – bei Preußen und Österreichern – bestimmten den weiteren Verlauf der Geschichte. Sie nahmen den Kampf gegen die verbliebene Armee Napoleons auf, die sich mit neuen Reserven in den preußischen Festungen verschanzt hatte. Diese Kämpfe führten schließlich zum Untergang Napoleons und des französischen Kaiserreiches, das einst halb Europa beherrscht hatte.

Bewegungen der Nebenheere und die Konvention von Tauroggen

Als die Große Armee im Juni 1812 bei Kowno in Rußland einmarschierte, hatte das VII. (sächsische) Korps des Generals Reynier die Aufgabe, den südlichen Flankenschutz für das Hauptheer zu übernehmen. Das Korps brach aus dem Raum Radom auf und bewegte sich auf Brest und den Bug zu. Um die gleiche Zeit trat Fürst zu Schwarzenberg mit 34.000 Österreichern aus dem Raum Lemberg an und bewegte sich als rechter Flankenschutz nach Nordosten.

Ihr Gegenspieler war der russische General Tormasow, der im Raum Bobruisk Reserven und ein neues Heer gesammelt hatte. Tormasow zog Reynier entgegen und traf am 26. Juli 1812 bei Kobrin, etwa 50 Kilometer ostwärts von Brest, mit ihm zusammen, wobei er eine sächsische Brigade gefangennahm. Reynier zog sich zurück und vereinigte sich am 30. Juli mit dem Korps Schwarzenbergs. Danach kam es zu mehreren Gefechten in Wolhynien.

Am 29. August bezogen Tormasow am östlichen und Schwarzenberg am westlichen Ufer des Styr – bei Luzk – Stellungen und stellten vorübergehend die Feindseligkeiten ein. Am 18. September vereinigten sich Admiral Tschitschagow und seine Moldau-Armee, die durch den Frieden mit der Türkei in Bulgarien freigeworden war, mit dem Korps Tormasow. Zwei Tage später griffen die vereinigten Russen Schwarzenberg und Reynier an, worauf diese sich auf Kowel und Brest zurückzogen. Danach gab es in Wolhynien noch mehrere kleinere Gefechte.

Am 13. Oktober trennte sich Tschitschagow von Tormasow und marschierte mit seiner Moldau-Armee über Minsk zur Beresina. (Der Weg wurde bereits oben in bezug auf die Aktivitäten der Hauptarmee beschrieben.)

Zwischen Tormasow und Reynier kam es am 15. und 16. November bei Wolkowysk zur Schlacht, die durch die Ankunft Schwarzenbergs mit seinen Österreichern zuungunsten der Russen entschieden wurde.

Als der verheerende Rückzug der französischen Armee bekannt wurde, zog sich Schwarzenberg nach Südwesten zurück und erreichte am 1. Dezember Projani, Reynier den Raum Brest-Litowsk. Am 18. Dezember bezogen beide ostwärts von Warschau zum Schutze der Stadt Verteidigungsstellungen.

Nachdem die Reste der Großen Armee aus Rußland vertrieben waren, kam es am 5. Januar 1813 zwischen Schwarzenberg und den Russen zu einem stillschweigenden Waffenstillstand. Am 25. Januar traten Schwarzenberg und Reynier den Rückzug an. Warschau, das anfangs gehalten werden sollte, wurde aufgegeben.

Schwarzenberg zog weiter nach Krakau und dann wieder nach Galizien, den neuen Instruktionen des österreichischen Kaisers Franz I. folgend, die ein langsames Loslösen von den Franzosen zum Ziele hatten.

Reynier marschierte mit seinen Sachsen von Warschau direkt nach Westen, dicht gefolgt von den Russen, die die Feindseligkeiten wieder aufgenommen hatten. Bei Kalisch hatten die Sachsen ihr letztes Gefecht. Dann retteten sie sich in die Festung Glogau, wo sie endlich zur Ruhe kamen.

Die Nordflanke der Großen Armee deckte Marschall Macdonald mit 32.500 Preußen, Bayern und Polen. Von Tilsit aufbrechend, erreichte das Korps Rossiena und ging von dort am 8. Juli auf Riga vor. Am 7. August kam es vor Riga zum Kampf, der mit der Belagerung der Stadt fortgesetzt wurde.

Weitere Gefechte gab es bei Dünaburg mit Wittgenstein und dem finnisch-schwedischen Hilfskorps (etwa 10.000 Mann) unter dem deutschbaltischen General Fabian von Steinheil, der von dem ebenfalls deutschbaltischen General Pjotr von Essen abgelöst wurde. Während Essen in Dünaburg blieb, zog Wittgenstein gegen Polozk und schlug sich dort mit dem II. Korps Napoleons herum.

Ende September kam es zu mehreren Gefechten zwischen den Belagerern von Riga und Russen, die von Friedrichsstadt her den Belagerungsring aufbrechen wollten. Macdonald konzentrierte sich nun ausschließlich auf die Belagerung von Riga. Vom Gou-

*Die Konvention von Tauroggen (oben), abgeschlossen zwischen dem preu-
ßischen General Yorck v. Wartenburg (unten links) und dem Russen Hans
Karl v. Diebitsch (unten rechts).*

verneur von Wilna, Maret, erhielt er spärliche Nachrichten über die Vorgänge bei Napoleons Hauptarmee. Aber die wenigen Informationen, die er erhielt, waren noch positiv gehalten und sagten nichts aus über den wahren Zustand der Großen Armee, die auf dem Rückzug war. Als Macdonald auf anderen Wegen vom wirklichen Geschehen Nachricht erhielt, wurde er unruhig und bereitete seinen Rückzug vor.

Inzwischen war aber das Hauptheer Mitte Dezember im Raum Wilna angekommen. Wittgenstein war von der Beresina der französischen Armee gefolgt und beunruhigte ihre Nordflanke. Dann stieß Wittgenstein nördlich an Wilna und Kowno vorbei, in der Absicht, Macdonald den Rückzugsweg abzuschneiden. Erst am 18. Dezember konnte Macdonald den Rückzug von Riga durch das Baltikum antreten. Es wurde ein Wettlauf mit den Truppen Wittgensteins. Die Hauptkräfte Macdonalds erreichten Ende Dezember Tilsit und bezogen beiderseits der Stadt an der Memel Stellungen zur Aufnahme des zurückhängenden preußischen Hilfskorps. Zwischen ihnen hatte sich ein Verband Wittgensteins unter General Hans Karl von Diebitsch eingeschoben und dem preußischen Hilfskorps den Weg verlegt. Voller böser Ahnungen wartete Macdonald an der Memel auf das Herankommen des preußischen Hilfskorps. Statt dessen erhielt Macdonald am 30. Dezember 1812 von Generalleutnant Yorck von Wartenburg einen Brief folgenschweren Inhaltes.

„Tauroggen, den 30. Dezember 1812.
Gnädiger Herr (Monseigneur)!
Nach äußerst beschwerlichen Märschen ist es mir nicht möglich gewesen, sie fortzusetzen, ohne auf meinen Flanken und im Rücken entamiert* zu werden. Dies hat mein Zusammentreffen mit Ew. Exzellenz verzögert und, da ich mich in die Lage versetzt sah, wählen zu müssen, ob ich den größten Teil meiner Truppen und sämtliches Materielle, welches meine Verpflegung sicherte, verlieren, oder das Ganze retten wollte, so habe ich es für meine Pflicht gehalten, eine Konvention abzuschließen, nach welcher sich die preußischen Truppen in einem Teile von Ostpreußen sammeln sollen, der durch den Rückzug der französischen Armee in der Gewalt der Russen ist.
Die preußischen Truppen werden ein neutrales Korps bilden und sich keine Feindseligkeiten gegen eine der beiden Parteien

---

* Hier: Mit Truppen des Gegners in Berührung zu kommen.

Der preußische Staatskanzler Karl August v. Hardenberg (oben links) und der Militärreformer Neidhardt v. Gneisenau (oben rechts), der im März 1813 aus dem Exil zurückkehrte. Währenddessen rufen Redner zur Volkserhebung auf (unten).

erlauben. Die kommenden Ereignisse, welche durch die Unterhandlungen zwischen den kriegführenden Mächten herbeigeführt werden, mögen ihr ferneres Schicksal bestimmen. Ich beeile mich, Ew. Exzellenz von einem Schritte zu unterrichten, zu dem mich die dringendsten Umstände genötigt haben.

Was auch die Welt für ein Urteil über mein Betragen fällen mag, ich bin ohne Sorge deshalb; die Pflichten gegen meine Truppen und die reifste Überlegung schreiben es mir vor; es sind, was auch der Schein sein möge, die reinsten Beweggründe, welche mich leiten. Indem ich Ihnen, gnädiger Herr, dies eröffne, habe ich meine Pflichten gegen Sie erfüllt, und ich bitte Sie, die Versicherung der tiefsten Ehrfurcht zu genehmigen, mit welcher ich die Ehre habe zu sein,

Ew. Exzellenz gehorsamster Diener Generalleutnant von Yorck."

Ganz so gehorsam, wie im Brief dargelegt, war Yorck jedoch nicht gewesen. Er hatte geheime Verbindungen mit deutschen Militärs und Verwaltungsbeamten, die in russische Dienste getreten waren, etwa Clausewitz und Freiherr vom Stein, die darauf hinarbeiteten, die französische Fremdherrschaft abzuschütteln. Als Yorck von Zar Alexander I. über Mittelsmänner unterrichtet wurde, Rußland werde den Krieg gegen Napoleon bis zur vollen Befreiung Preußens fortsetzen, handelte er auf eigene Verantwortung.

In der am 30. Dezember 1812 von den Generalen Yorck und Diebitsch unterzeichneten Konvention von Tauroggen verpflichtete sich Yorck, mit seinen Preußen den Raum zwischen Memel und Tilsit einzunehmen, und bis zu einer Entscheidung des Königs von Preußen neutral zu bleiben. Sollte dieser die Handlung Yorcks mißbilligen, war den Preußen freier Abzug gewährt, jedoch mit der Verpflichtung, bis zum 1. März 1813 mit den Russen Waffenruhe zu halten. König Friedrich Wilhelm III. von Preußen war zu dieser Zeit in Berlin handlungsunfähig, da Berlin noch von den Franzosen besetzt war. Staatskanzler Karl August von Hardenberg überredete daher den König, Berlin am 22. Januar zu verlassen und nach Breslau zu gehen. Als dann die Truppen Napoleons Königsberg, Danzig und andere Festungen in Preußen, in Polen sowie Berlin räumen mußten, wandte sich der preußische König an sein Volk. Die Völker Europas erhoben sich. Napoleons Herrschaft brach zusammen. Die Konvention von Tauroggen war dazu ein erstes Signal.

Gleich nach Beginn des Rußlandfeldzuges 1812 war nach Plänen des Freiherrn vom Stein in Reval die Russisch-Deutsche Legion aufgestellt worden. Dem Aufstellungsstab wurden laufend deutsche Überläufer und Gefangene zugewiesen. Die Legion hatte Mitte Oktober 1812 eine Stärke von 1.500 Freiwilligen, die in Rußland gegen die Armee Napoleons jedoch nicht mehr zum Einsatz kamen. Anfang April 1813 verlegte die Russisch-Deutsche Legion nach Königsberg. Dort erreichte sie bald eine Stärke von über 4.000 Mann und 2.000 Pferden. Die Legion focht in den Befreiungskriegen als selbständiger Verband und wurde 1814 in das preußische Heer eingegliedert.

Nachbetrachtungen

Der Feldzug der Großen Armee Napoleons 1812/13 nach Rußland war ein Markstein europäischer Kriegsgeschichte. Bis dato war keine Militäraktion so gewaltigen Ausmaßes, mit so großen Kräften und Mitteln durchgeführt worden. Zum Materiellen hinzu kamen die mitentscheidenden Faktoren Raum, Zeit und Wetter, denen sowohl Napoleon als später auch Hitler zu wenig Bedeutung beimaßen. Dies zusammen steckte den Rahmen ab für eine Militäraktion, deren Ausmaß nur den Kriegszügen Alexanders des Großen gleichkam.

Streifen wir kurz die politischen Zusammenhänge: Rußlands Expansionsdrang im 19. und 20. Jahrhundert war in Europa vorwiegend auf den Balkan gerichtet. Das zaristische Rußland zur Zeit Napoleons umfaßte das Baltikum und Finnland; es war durch die Teilungen Polens weit nach Westen, bis an Njemen und Bug vorgedrungen.

Sowjet-Rußland überfiel 1939 das tapfer kämpfende kleine Finnland und diktierte ihm einen Friedensvertrag, der mit Territorialverlusten verbunden war, und besetzte 1940 die baltischen Länder (die 1918 selbständig geworden waren). Später annektierte es Bessarabien und stellte weitere Ansprüche auf dem Balkan.

Napoleon wie auch Hitler standen im Kampf um eine dominierende Rolle in Europa. Dem stand das aufgrund seiner insularen Lage nicht direkt angreifbare Großbritannien entgegen. Beide suchten sich Rußland zum Verbündeten zu machen. Was Napoleon mit der Kontinentalsperre versuchte, strebte Deutschland mit der „Schlacht im Atlantik" an: das Niederringen Englands durch Schädigung seiner Wirtschaftskraft. Rußland jedoch

blieb dabei als unkalkulierbare Größe drohend im Osten beste-
hen. Trotz gegenteiliger Beteuerungen unterlief das Zarenreich
die Kontinentalsperre, während Stalin insgeheim Anstalten traf,
ganz Europa zu bolschewisieren.

Der deutsch-sowjetische Nichtangriffsvertrag von 1939 hatte
den Krieg Deutschlands mit Polen erst möglich gemacht und für
Deutschland die Gefahr eines Zweifrontenkrieges, wenigstens
auf Zeit, gebannt. Beide Imperien waren jedoch in ihren Weltanschauungen und wirtschaftlichen Grundsätzen (hier Schaffung
eines blockadefesten europäischen Großraums, da Weltherr-
schaft des Kommunismus) wie Feuer und Wasser. Die Gegensätze entzündeten sich an der Auslegung der im Vertrag von
1939 so genannten „territorial-politischen Umgestaltung Ostmit-
teleuropas" und an dem Drang der Sowjetunion, weit über die
festgelegten Interessensphären nach Westen vorzustoßen. Spä-
testens seit dem Molotow-Besuch in Berlin im November 1940
mit seinen maßlosen Territorialforderungen war Hitler klar, daß
eine kriegerische Auseinandersetzung wohl unvermeidlich sein
werde. Stalin hatte sich längst auf einen Krieg mit Deutschland
eingestellt. Der schnelle Sieg der Wehrmacht im Westen hatte
ihn aber überrascht. Um als „lachender Dritter" in den Krieg der
„kapitalistischen Staaten" eingreifen zu können, brauchte er eine
längere Vorbereitungszeit. Es blieb nur die Frage, welche Seite
ihre Vorbereitungen zuerst beendet haben würde. Die Antwort
kennen wir: Am 22. Juni 1941 trat die Wehrmacht zum Angriff an.

Ähnlich verhielt es sich zur Zeit Napoleons und des russischen
Zaren. Napoleon hatte fast ganz Europa unter Kontrolle, nur England und Schweden sowie große Teile des Balkans noch nicht.
Rußlands Schaukelpolitik zugunsten Englands (Durchlöcherung
der Kontinentalsperre) durchkreuzte Napoleons politische Pläne
und ließ ihn den Einfall in Rußland wagen.

Die Strategien und Kampfweisen von 1812 und 1941 waren unterschiedlich, und zwar bedingt durch den Fortschritt der Technik, der Verkehrsmittel und -möglichkeiten. Hitlers Strategie
baute auf einen schnellen Feldzug unter Einkesselung der Masse
der Roten Armee im Raum westlich von Moskau und eine Beendigung des Krieges noch vor Wintereinbruch. Hierbei kamen
ihm die zum Angriff nahe der Westgrenze konzentrierten Verbände der Roten Armee und später die sturen Haltebefehle Sta-

lins entgegen. Nach Erreichen der Linie Astrachan–Archangelsk, von der aus eine Bedrohung des Reichsgebietes durch Bombenflugzeuge nicht mehr möglich war, sollte der Kampf eingestellt werden. Welches Regime den Restraum der Sowjetunion, Sibirien und Mittelasien, beherrschte, war zweitrangig. Ebenso, ob es zum Abschluß eines Friedensvertrages kommen würde, da davon auszugehen war, daß das dermaßen geschwächte Staatsgebilde kein ernstzunehmender Machtfaktor mehr sein würde.

Napoleon wollte zwar die russischen Hauptkräfte auch schnell schlagen, doch ausschlaggebend für einen endgültigen, vollkommenen Sieg waren Waffenstillstand und Friedensvertrag, wie zu jener Zeit üblich. Auf beides ließ sich Zar Alexander I. aufgrund der Ratschläge preußischer Beamten und Militärs in seinen Diensten nicht ein.

In den Kriegen Anfang des 19. Jahrhunderts waren Truppenstärken und ihre Bewaffnungen ausschlaggebend. Ausnahmen bestätigten die Regel. Ungleichheiten glich Napoleon nicht selten durch seine Feldherrnkunst, sein Organisationstalent, durch persönlichen Mut und Tapferkeit aus. Es war auch seine charismatische Persönlichkeit, die seine Soldaten zu höchsten Leistungen anspornte und letztlich den Erfolg brachte.

Auch Adolf Hitler wurde von der Mehrzahl seiner Soldaten anerkannt und getragen. Auch als die „Blitzsiege" verrauscht waren und die Länge des Krieges immer mehr Opfer forderte, wurde der Glaube an die Notwendigkeit, den Krieg fortzuführen, nicht geringer, auch wenn die Aussicht auf einen Sieg in weite Ferne rückte. Man vertraute auf das politische Geschick Hitlers, die Kampfkraft der Wehrmacht und die Heterogenität der Feindkoalition. Hielte man nur lange genug durch, könne die Niederlage abgewendet werden.

Kommen wir zu den Faktoren Raum, Zeit und Wetter. Ernst Jünger entwarf in seinem Buch *Der gordische Knoten* einen Jahrtausende umfassenden Überblick über die alten Gegensätze zwischen Ost und West. Über Raum und Zeit bemerkte er: „Als Regel läßt sich annehmen, daß der europäische Stratege das Feld seiner Stärke verläßt, wenn er Maßnahmen trifft, die räumlich die Einöde und zeitlich den schleppenden Ablauf begünstigen. Das deutet auf den elementaren Vorteil der Gegenseite hin. Die entwickelte historische Macht wird um so wirksamer, je mehr ihr die räumliche und zeitliche Raffung ihrer Mittel gelingt." Das bedeutet nichts anderes, als daß jeder Stratege bestrebt sein sollte, einen schnellen Sieg zu erringen und sich nicht auf die Weite des Raumes einzulassen. Die Versorgungswege des Vorgehenden werden immer länger und erfordern immer größere Kräfte und Mittel, während der Verteidiger seinen Basen immer näher kommt und den Vorteil der inneren Linie genießt.

Beim Rückzug der Russen war 1812 die Weite des Raumes mit der Taktik der „verbrannten Erde" wirksam gekoppelt.

Ernst Jünger

Alles, was dem nachdrängenden Feind von Nutzen sein konnte, ging in Flammen auf, nahm ihm Unterkünfte und Verpflegung, und beschwor Hunger und Kampieren im Freien bei großer Kälte herauf. Die gleiche Taktik wandte die Rote Armee bei ihrem Rückzug 1941 an.

Zu den Klima- und Wetterbedingungen meinte Jünger: „Heeresbewegungen bei tiefen Temperaturen gehören zu den größten Wagnissen. Dazu kam, daß die Deutschen [im Zweiten Weltkrieg] die Bedingungen eines Winterfeldzuges in solchen Breiten nicht genügend studiert hatten. Auch von dem skandalösen Mangel an Winterbekleidung abgesehen, war kaum bekannt, wie eine solche Kleidung beschaffen sein muß. Es kam der Tag, an dem die Panzer und automatischen Waffen einfroren, weil das Öl, das man verwendete, dem Klima nicht entsprach. Solche Fehler sind nur zu vermeiden, wenn man über arktische Übungsplätze verfügt." Dies gilt sowohl für 1812/13 als auch für 1941/42.

Jedoch muß der Vollständigkeit halber erwähnt werden, daß deutsche Truppen bereits 1914–1918 in den Weiten Rußlands mit den Unbilden von Natur und Klima gekämpft hatten, also durchaus über einschlägige Erfahrungen verfügten. Die russischen Winter dieser Jahre sind ebenfalls sehr kalt gewesen, über nennenswerte Verluste durch Erfrierungen ist aber nichts bekannt. Offenbar wußte man sich durchaus zu schützen, zog aus diesem Wissen jedoch keine Konsequenzen für 1941/42.

Napoleon wie auch Hitler und ihre Generalstäbe haben die Verteidigungskraft des Gegners unter Nutzung von Raum und Zeit unterschätzt und die Kraft der eigenen Truppen und Mittel überbewertet. Sie haben den russischen Winter nicht gebührend einkalkuliert und damit das große Dilemma heraufbeschworen.

Die Soldaten der Großen Armee und der deutschen Wehrmacht zogen nach Rußland ohne Vorsorge für den Winter, ohne Winterbekleidung. Der Kälteeinbruch traf sie um so härter. Beide Armeeführungen hatten auch nicht die vielen Kleinigkeiten bedacht, die so große Wirkungen hinterließen. Man denke nur an den Beschlag der Pferde der Großen Armee – bei Eisglätte waren sie ohne Stollen hilflos und verloren. Zweites Beispiel: Allen Soldaten des Regiments des Verfassers wurden 1940 in der Garnison nagelneue Stiefel im wahrsten Sinne des Wortes angepaßt. Die Stiefel wurden 14 Tage lang eingelaufen und dann mit Namensschild auf der Kleiderkammer abgegeben. Als der Befehl zum Ausrücken in den Krieg kam, wurden die eingelaufenen neuen Stiefel gegen die getragenen alten ausgetauscht. Man glaubte, durch diese Maßnahme dem Wohlbefinden des Soldaten und seinen Marschleistungen entgegenzukommen, hatte aber große Kälte und damit Erfrierungen nicht einkalkuliert. Schukow schrieb dazu, daß den Rotarmisten Stiefel und Schuhe grundsätzlich eine Nummer größer angepaßt wurden, um Raum für Fußlappen, Papier oder Stroh zu lassen, was bei Kälte von besonderer Bedeutung war. Solche Kleinigkeiten mit großer Wirkung führte auch Caulaincourt an und urteilte: „Aus diesen, unter anderen Umständen so unbedeutenden Einzelheiten kann man sich ein Bild machen von den Ursachen unseres Unglücks, und von all dem, was man hätte vorhersehen müssen, um es zu vermeiden. Auf diese Ursachen ist es zum größten Teil zurückzuführen, und nicht auf die Strapazen und Angriffe des Feindes." Über die Unterschätzung des Feindes und die Überschätzung der eigenen Mittel und Möglichkeiten schrieb er: „Als er [Napoleon] die Herren Decrès und von Cessac [nach seiner Rückkehr nach Paris] empfing, war sein erstes Wort: ‚Ja, meine Herren, das Glück hat mich verblendet [die Erfolge beim Vormarsch]. Ich habe mich hinreißen lassen, statt meinem ursprünglichen Plan zu befolgen [im ersten Jahr nur bis Witebsk und Smolensk zu gehen, in der Düna-Dnjepr-Linie Winterstellung zu beziehen und Truppen sowie Nachschub neu zu organisieren]. Ich bin in Moskau gewesen und habe gehofft, dort den Frieden unterzeichnen zu können. Ich bin zu lange dort geblieben. Ich glaubte, in einem Jahre zu erreichen, was man nur in zwei Feldzügen durchsetzen kann."

Diese Art von Selbstkritik hat auch Hitler wiederholt geäußert. Die eklatante Unterschätzung des feindlichen Militärpersonals hat er etwa in seinen Tischgesprächen oft thematisiert. Aber mit der Unterschätzung des Gegners stand er nicht allein da: Auch seine Generale – sogar amerikanische und englische – teilten die Auffassung, die militärische Niederringung der Roten Armee sei eine Sache von wenigen Monaten.

Der Rückzug der Großen Armee aus Rußland 1812/13 dauerte zwei Monate und endete in ihrem Untergang und mit dem Zusammenbruch des napoleonischen Kaiserreiches, das halb Europa umfaßte.

Der Rückzug der deutschen Wehrmacht aus Rußland zog sich etappenweise über vier Jahre hin und endete 1945 im völligen Zusammenbruch des Großdeutschen Reiches, das fast ganz Europa unter Kontrolle gehabt hatte. Smolensk, Witebsk, Beresina, Bug und Njemen waren Wegmarken dieser Etappen. Wie einst bei Napoleon. Welch eine Parallele!

Anhang

Abkürzungen

AOK	Armeeoberkommando	**mot.**	motorisiert
dt.	deutsch	**OB**	Oberbefehlshaber
HGr.	Heeresgruppe	**Oblt.**	Oberleutnant
HKL	Hauptkampflinie	**OKH**	Oberkommando des Heeres
Hstf.	Hauptsturmführer	**OKW**	Oberkommando der Wehrmacht
ID	Infanteriedivision	**Ostf.**	Obersturmführer
Ia	erster Generalstabsoffizier	**PD**	Panzerdivision
i.G.	im Generalstab	**PzGr.**	Panzergruppe
KTB	Kriegstagebuch	**russ.**	russisch
MG	Maschinengewehr	**TVP**	Truppenverbandsplatz
MGK	Maschinengewehrkompanie	**Uffz.**	Unteroffizier

Ortsregister

Personenregister

Der Name „Napoleon" ist, da durchgängig im Text vertreten, im Register nicht aufgeführt.

Literaturverzeichnis

Carell, Paul. *Unternehmen Barbarossa: der Marsch nach Rußland.* Frankfurt/Main – Berlin: Ullstein Verlag, 1963.

Carell, Paul. *Verbrannte Erde: Schlacht zwischen Wolga und Weichsel.* Frankfurt/Main – Berlin: Ullstein Verlag, 1966.

Caulaincourt, Luis v. *Mit Napoleon in Rußland: Denkwürdigkeiten des Generals Caulaincourt, Herzogs von Vicenza, Großstallmeister des Kaisers.* Bielefeld: Velhagen & Klasing Verlag, 1938.

Clausewitz, Carl v. *Vom Kriege*, in: Sämtliche hinterlassene Werke über Krieg und Kriegführung, Band 1. Essen: Mundus Verlag, 1999.

Clausewitz, Carl v. *Der russische Feldzug von 1812*, in: Sämtliche hinterlassene Werke über Krieg und Kriegführung, Band 3, S. 13–166. Essen: Mundus Verlag, 1999.

Dahms, H. Günther. *Der Zweite Weltkrieg: Bilder, Daten, Dokumente.* Gütersloh: Bertelsmann Verlag, 1968.

Geschichte des Großen Vaterländischen Krieges der Sowjetunion in sechs Bänden. Ost-Berlin: Deutscher Militärverlag, 1962ff.

Helmdach, Erich. *Überfall? Der deutsch-sowjetische Aufmarsch 1941.* Neckargemünd: Vowinckel Verlag, 1975.

Jünger, Ernst. *Der gordische Knoten.* Frankfurt: Vittorio Klostermann, 1953.

Magenheimer, Heinz. *Moskau 1941: Entscheidungsschlacht im Osten.* Selent: Pour le Mérite Verlag, 2009.

Müller-Bohn, Hermann. *Die deutschen Befreiungskriege: Deutschlands Geschichte von 1806 bis 1815.* Berlin: Historischer Verlag Paul Kittel, 1913.

Schramm, Percy Ernst (Hrg.). *Kriegstagebuch des Oberkommandos der Wehrmacht 1940–1945.* 8 Bände. Herrsching: Pawlak Verlag, 1982.

Schukow, Georgij K. *Erinnerungen und Gedanken.* Stuttgart: Deutsche Verlags Anstalt, 1969.

Ségur, Philippe Paul v. *Napoleon und die Große Armee in Rußland.* Bremen: Carl Schünemann Verlag, 1965.

Steger, Friedrich. *Der Feldzug von 1812: Chronik der Großen Armee im Feldzug Napoleons gegen Rußland 1812 nach zeitgenössischen Quellen mit vielen Illustrationen der Zeit.* Essen: Phaidon Verlag, 1985.

Suworow, Viktor. *Der Eisbrecher: Hitler in Stalins Kalkül.* Selent: Pour le Mérite Verlag, 2008.

Suworow, Viktor. *Der Tag M: Stalin mobilisiert zum Angriff auf Deutschland.* Selent: Pour le Mérite Verlag, 2010.

Wagener, Carl. *Die Heeresgruppe Süd: Der Kampf im Süden der Ostfront 1941–1942.* Friedberg: Podzun Pallas Verlag, o.J.

Weidinger, Otto. *Division „Das Reich": Der Weg der 2. SS-Panzer-Division „Das Reich".* Band III: 1941–1943. 2. überarb. u. erw. Aufl. Osnabrück: Munin Verlag, 1977.

Inhalt

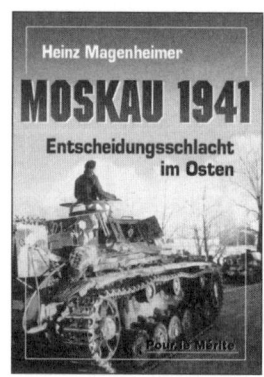

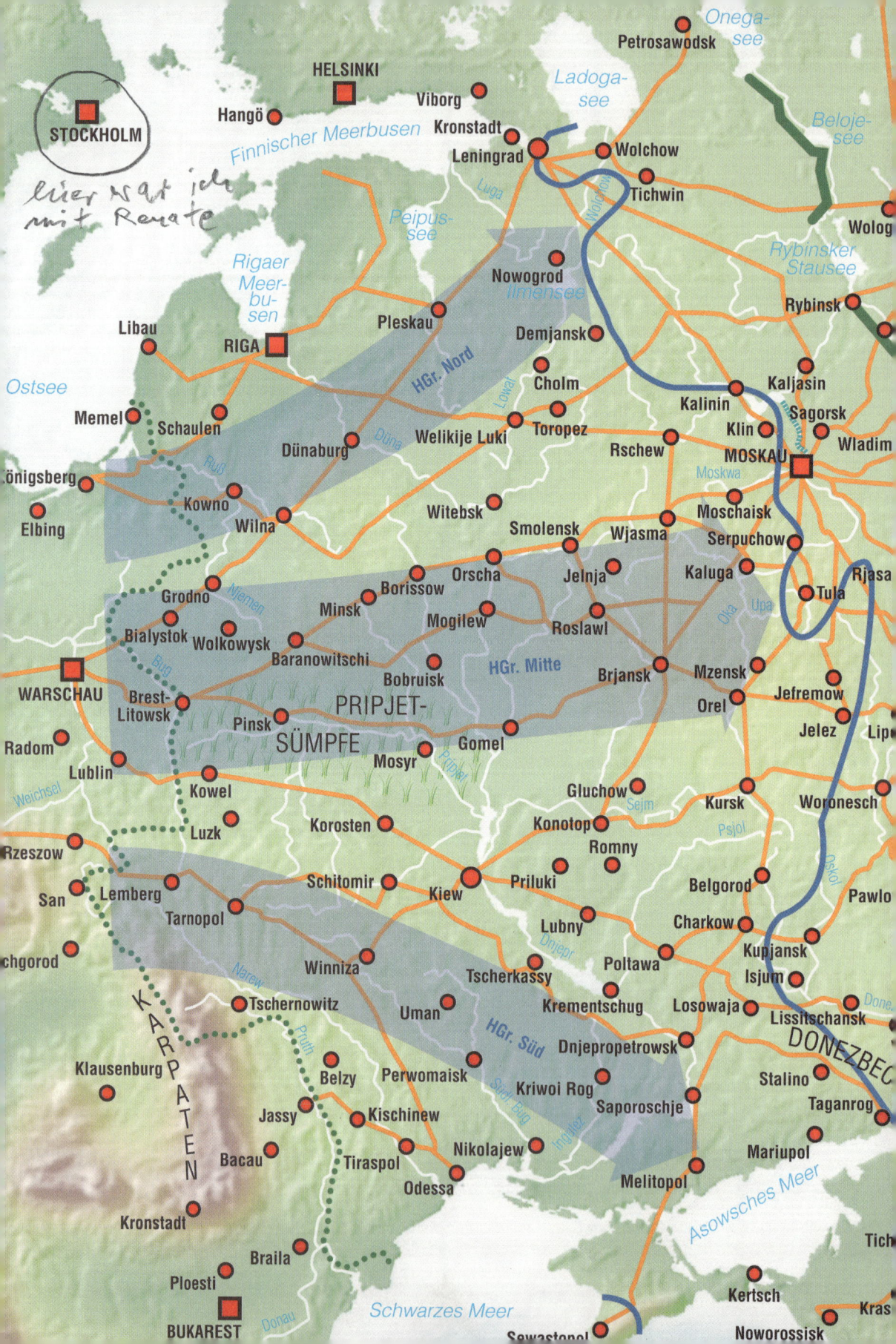